PM

Haffmans' Helfende Hand-Bibliothek

ECKHARD HENSCHEID

Wie Max Horkheimer einmal sogar Adorno hereinlegte

Anekdoten über
Fußball, Kritische Theorie,
Hegel und Schach

Mit Zeichnungen von
F. W. Bernstein

Haffmans Verlag

Die Fußball-Anekdoten erschienen zuerst im Magazin
›Tintenfaß‹ Nr. 2, 1981, die Anekdoten
um die Frankfurter Schule im
›Tintenfaß‹ Nr. 4, 1981, eine kleine Auswahl aus
den Hegel-Anekdoten im ›Raben‹ Nr. 1, 1982,
alle herausgegeben von Gerd Haffmans.
Die Mehrzahl der Hegel-Anekdoten, alle
Schach-Anekdoten sowie die Zeichnungen von
F. W. Bernstein werden hier erstmals vorgestellt.
Außerdem hat der Autor alle Anekdoten
neu durchgesehen, hie und da revidiert
und ergänzt.

1.–4. Tausend, März 1983

Inhalt

DA LACHT
DAS RUNDE LEDER

Neue Fußball-Anekdoten

Gewidmet Richard Kirn (†), dem unerreichbaren Vorbild
(Der lachende Fußball, 1942)

Der frühere Bundestrainer Sepp Herberger
wurde einmal gefragt, wann eigentlich ein
Fußballspiel vorbei sei. »Erst nach 90 Minuten«, antwortete Herberger, ohne zu zögern.
Der Satz ist seitdem zu einem geflügelten Wort
geworden.

*

1950 besiegte der VfB Stuttgart in einem dra-
matischen Endspiel in Berlin Kickers Offen-
bach mit 2:1 (2:0). »Und das, obschon wir mit
21 gegen 22 Arme gespielt haben«, unkten später die Cannstätter. Erklärung: Der Stuttgarter
Robert Schlienz hatte vom Krieg her nur mehr
einen Arm.

Eine schöne Zeit war das damals . . .

*

Gleich nach dem Kriege wurde Fußball wieder
groß geschrieben. Erstes Länderspiel gegen die
Eidgenossen aus der Schweiz. Lange Zeit steht
es 0:0. Da plötzlich! Elfmeter für Deutschland!

9

Jetzt war natürlich guter Rat teuer und die Verantwortung fast erdrückend. Da aber nahm sich der Bremer Verteidiger Herbert Burdenski ein Herz, trabte über das ganze Spielfeld nach vorne, hinein in den feindlichen 16-Meter-Raum, steigerte nochmals das Tempo, nahm Maß und haute den schon bereitliegenden Ball einfach ins Tor. Endstand: 1:0!

einfach ins Tor.

Als der deutsche Verteidiger Juskowiak seinerzeit bei der Weltmeisterschaft in Schweden (1958) des Feldes verwiesen wurde, da regte sich in Deutschland so mancher Unmut. Auch

die Spieler murrten wegen dieser Ungerechtig-
keit, allen voran Stopper »Ertl« Erhardt, und
Ehrenspielführer Fritz Walter trat sogar zurück. Nur Rechtsaußen Helmut (»Boss«) Rahn
behielt kühlen Kopf und kippte auch weiterhin
einen großen Klaren nach dem anderen.

Nur Boss Rahn —

Von seiner Gattin Brigitte ermutigt, wagte sich Franz Beckenbauer eines Tages auch zu den Bayreuther Festspielen. Gut, zuerst war der »Kaiser« ein bißchen ängstlich, aber dann brach es aus ihm heraus: »Mensch!« staunte er schon zur Pause, »das ist ja eine echt Klasse-Musik. Und die Sänger erst! Spitze!« Kurz danach ging Beckenbauer zu Cosmos New York.

Geistesgegenwart müßte man haben – und ein freches Mundwerk! Als das bekannte Eintracht-Frankfurt-Freundespaar Libero Trinklein und Linksaußen Rohrbach wieder mal eine verbotene »Zechtour« durch verrufene »Animierlokale« machte, wurde es dabei von Trainer Ribbeck ertappt und kräftig gescholten. »Bei Ihnen, Trinklein«, schrie Ribbeck erregt, »versteh ich's ja noch, wenn Sie einen trinken – aber bei Ihnen, Rohrbach?« »Aber es heißt doch«, lächelte Rohrbach, »er säuft wie ein Rohrspatz!« »Was soll das heißen?« schrie Ribbeck noch erregter. Erst als Rohrbach sein tückisches Wortspiel sage und schreibe fünfmal erklärt hatte, verstand Ribbeck die Anspielung, mußte verstohlen lächeln, verzieh den beiden wieder mal, wenn auch schweren Herzens und noch schwereren Kopfs – und nominierte beide für das nächste Spiel in Bremen, das 1:1 endete, wobei vor allem Trinklein eine prächtige Partie bot.

*

Ein anderes berühmtes Freundespaar waren Paul Breitner und Uli Hoeneß. Einmal debattierten sie wieder einmal über den Sozialismus,

Sozialist und Kapitalist

von dem Breitner damals viel hielt, während Hoeneß gewisse Reserven hegte. Breitner verwies auf die Kulturrevolution durch Mao, doch Hoeneß schüttelte energisch den Blondschopf. »Paß auf, Paul«, rief der Ex-Ulmer und stieg unter die Dusche, »wenn du als Sozialist bei Bayern dich noch auf dem Spielfeld plagen mußt, sitze ich als Kapitalist schon längst im Vorstand und im Management, verdiene dort ein Schweinegeld, und meine einzige Leistung besteht darin, euch Spieler in Lederhosen einzukleiden, damit auch noch der Letzte merkt, was ihr für Riesendeppen seid!«

Breitner glaubte Hoeneß nicht. Später stellte sich aber heraus, daß der clevere Schwabe recht behalten sollte.

*

Der ehemalige Hamburger Linksaußen Charly Dörfel erinnerte wegen seiner pfiffigen Spielweise an den damals sehr populären Clown »Charly« Chaplin. Dies war auch letztlich der Grund für seinen vielsagenden »Spitznamen«. Naja.

*

Der brasilianische Wunderstürmer Pele war vorher ein herzlich schlechter Kaffeestrand-Papagallo und ein noch mittelmäßigerer Freizeitrammler.

Bis eines Tages –

– kurz, erst als Torhineinhauer wurde er dann so richtig weltbekannt. »C'est la vie«, pflegt Pele noch heute dazu zu sagen, was aber nur daher kommt, daß er das spanische »Hasta la vista« (Hast du was, dann bist du was) falsch ins Englische übersetzt. Erst Helmut Schön hob ja dann die intellektuelle Katastrophik des Weltfußballs in eine gewisse erhabene Höhenluft.

*

Nach einem siegreichen Auswärtsspiel der »Roten Teufel« von Kaiserslautern ließ der Trainer im D-Zug Hamburg-Betzenberg mal fünfe gerade sein und eine Flasche Schampus rundgehen. Jeder sollte zwei halbe Schlucke kriegen in zwei Runden, so berechnete der »Coach«. Liebrich II und Horst Eckel hielten sich an die Regel, dann aber verzählte sich Werner Kohlmayer und trank die ganze Flasche leer. Oho! Othmar Walter beschwerte sich bei Liebrich I, doch Fritz Walter tröstete den Bruder: »Der Chef« – Fritz Walter spielte hier auf Herberger an – »der Chef hätte es sowieso nicht so gern gesehen!«

Wie recht der »Fritz« behalten sollte, stellte sich bald heraus. Als erster der fünf »Lauterer« »Weltmeister« von 1954 ging Werner »Sauf-aus« Kohlmayer in die »ewigen Jagdgründe« ein. Er hätte nicht so »blindwütig« in sich hin-ein »saufen« sollen.

*

Das waren noch Zeiten! Immer wenn Fahru-din Jusufi damals bei der Frankfurter Ein-tracht spielte (offensiver Verteidiger!), dann wurde in der Südkurve das Lied gesungen: »Ju-ju-ju-ju-jusufi legt den Volkert übers Knie – Ju-ju-ju-ju-jusufi!« Schlagartig antwortete jeweils die Nordkurve: »Ein-tracht-Frankfurt-eieieiei!« Versteht sich, daß die Nürnberger Schlachtenbummler da nur noch betreten dreinschauen konnten . . .

*

Der berühmtberüchtigte 1860er-Tormann Petar Radenkovic war einmal (1962) mit einer

Entscheidung von Schiedsrichter Aldinger (Waiblingen) nicht einverstanden und tippte sich deshalb in eindeutiger Absicht an die Stirn. »Ich verwarne Sie!« schrie Aldinger erbost. »Ich nur versteh Bahnhof«, konterte Radenkovic spitzbübisch. »Vom Platz!« brüllte Aldinger noch lauter. »Wiederseh, alde Tepp!« parierte Radenkovic, spuckte in Richtung Aldinger und trollte gemächlich davon. »Ich erstatte Meldung beim DFB!« platzte nun dem Schiri der Kragen. »Aber bitte, groß Rindvieh!« hielt der Tormann stand und verschwand in der Kabine.

Nanu? Nun, wie die Zeiten damals in den ersten Bundesligajahren waren: es wurde alles halb so heiß gegessen wie getrunken – schon nach dem Spiel verstand man sich wieder, Aldinger und Radenkovic leerten noch so manchen Schoppen miteinander und griffen sich sogar wie spielerisch an den Sack.

*

Der berühmte Nürnberger Sturm der 52er Jahre: Herbolsheimer – Morlock – Schade – Glomb – Winterstein (nach Meinung von Dieter »Hoppi« Kurrat, Dortmund, der beste Sturm, den die »Clubberer« je hatten) war 1951 noch nicht ganz komplett. Schade fehlte noch – er spielte noch bei Fürth. »Dann holen wir ihn eben!« rief Trainer »Zapf« Gebhardt energisch. Gesagt, getan – keine vier Wochen spielte Schade in der Noris. Sagte ich schon, daß er soooo gut einschlug?

*

Bei einem überaus wichtigen Spiel führte einst Bayern München gegen den HSV kurz vor Schluß 1:0. Da! Elfer für die von der Waterkant! Uwe Seeler legt sich den Ball zurecht! Ha! Das ist ein 99prozentig sicherer Elferverwandler! Was aber macht Torwart Sepp Maier? Er geht einfach zu Uwe und sagt: »Der geht net eini, nia!«

Wollte er die Götter versuchen? Sich selber Mut einträufeln? Wollte er den Schützen verzaubern? Genug – Seelers Bombe krachte jählings an den Pfosten, es blieb beim 1:0, und »die Katze von Anzing« hatte ihren Ruf als Karl Valentin weg.

Da! Ein Elfer für die von der Waterkant!

Der spanische Wundertormann Riccardo Zamora (»Der Göttliche«) galt als fast unbezwinglich. Seitdem ist deshalb das Wort vom »großen Zampano« fast »sprichwörtlich geworden« (Schwarzenbeck).

*

Überm Bieberer Berg hingen die Septembernebel. Da passierte Schiedsrichter Dr. Stäglich etwas Furchtbares. Seine Uhr war stehengeblieben! Man stelle sich vor! Und bald – jeden Augenblick – mußte Halbzeit sein! Und die Offenbacher hatten scheinbar (!) keine Stadionuhr, die Rettung hätte bringen können! »Mein Gott«, so erinnerte sich Stäglich später, habe er gedacht, »mein Ende!« Da plötzlich – das Spiel verlagert sich vors Offenbacher Tor – Preußen Münsters Adi Preißler flankt zu »Fiffi« Geritzen – Libero Nuber in höchster Not dazwischen – der Nebel reißt – der Schleier fällt – die Stadionuhr wird sichtbar – zeigt exakt 14.45 Uhr – hat das Spiel nicht um 14 Uhr angefangen? versucht Stäglich sich fieberhaft zu erinnern – Wirsching und Keim versuchen vergeblich zu klären – jawohl, um 14 Uhr, jubelt es plötzlich in Stäglich,

14 Uhr stand auf meiner Einladungskarte –
wieder senkt sich der Ball gefährlich aufs Offenbacher Tor zu – doch! genau! schreit es in
Stäglich – und – – er pfeift zur Halbzeit, und
die Kickers und er sind gemeinsam gerettet!

»Uff!« schmunzelt Dr. Stäglich heute noch
verträumt.

*

Stan Mathews, der englische Rechtsaußen,
war zu seiner Zeit berühmt dafür, die Verteidiger durch hasenartiges Hakenschlagen zu
überlisten. Als Stan mit 46 Jahren endlich ein-
sah, daß dies eine ganz schön beschämende
Tätigkeit sei, ließ er sich pensionieren, sah aber
nun plötzlich doch nicht mehr ein, daß es ein
Ende haben müsse – sondern er schlug auf einer
Wiese hinter seinem Häuschen gegen fünf in
die Erde gerammte Stecken weiterhin Haken
und Ösen. »Like Stan Libuda«, zollen ihm
seither ein paar historisch versierte Dorftrottel
ab und an Bewunderung.

*

Einmal saßen der 1860er Linksaußen Hans
Rebele und sein Mittelstürmer Rudi Brunnen-

meier im Gasthaus H. (wo, wird nicht verraten) und zechten. Gegen 23 Uhr sagte Rebele zu Brunnenmeier: »Komm, Rudi, gehen wir heim, wir müssen morgen spielen.« »Ach wo«, antwortete Brunnenmeier wegwerferisch, »wir müssen nicht spielen.« Und er bestellte für sich und Rebele ein frisches Bier. Eine halbe Stunde später ermahnte Rebele den Freund abermals: »Komm, trink aus, wir müssen morgen spielen.« »Ich muß überhaupt nicht spielen«, versetzte Brunnenmeier ärgerlich und winkte erneut der Kellnerin. Dies wiederholte sich um 24 Uhr, um 0.30 Uhr und um 1.05 Uhr. Um 1.30 Uhr aber erschien plötzlich Trainer Max Merkel und schimpfte die beiden gewaltig aus: »Was? Ihr wollt Vertragsspieler sein? Morgen geht's gegen das abwehrstarke Meiderich! Marsch! Beide heim!«

Als Merkel dann wieder weg war, bestellte Rebele seufzend eine letzte Halbe und sagte: »Siehst du, Rudi, ich hab's ja gewußt, wir müssen morgen spielen!«

*

Wie es hinter den Kulissen des Fußball-Profisports wirklich aussieht, enthüllte kürzlich

Tormann Sepp Maier in seinem Enthüllungs-
buch »Ich bin doch kein Tor«. Nach Maiers
Informationen sieht es: ausgesprochen gut aus.

*

Die nächste Geschichte ist etwas lang und fast
traurig, aber ich glaube, sie ist des Erzählens
wert. Trafen da also einst Bundespräsident
Scheel und DFB-Präsident Hermann Neuberger bei der Diplomatenjagd aufeinander.
»Sehen Sie, Herr Scheel«, sagte Neuberger sar-
kastisch, »Sie regieren 60 Millionen Deutsche –
ich aber 165 Millionen! So viele Mitglieder hat
der DFB!« Scheel schaute erschreckt drein.
Hatte er sich verhört? Wieso 165? Das ging
doch gar nicht . . . oder ging die Welt zu-
grunde? Wenigstens Deutschland? Und er,
Scheel, unter seiner Ära passierten also solche . . . Dings . . . und Sauereien und – Wahn-
sinn!!

Bis Neuberger dann den Kollegen erlöste:
»War doch nur Jägerlatein, Walter! Haha!
Hahahahaha!«

Versteht sich, daß der besorgte Scheel für
den Schaden nicht zu spotten mußte o. ä. – am
lautesten wieherten jedenfalls Reichstrainer

a. D. Otto Nerz, der ehemalige Club-Trainer
Jenö Csaknady und der Ex-Münsteraner Torwart Eiteljörge, die als Hasen eingeteilt waren,
freilich gleich danach auch kein Land mehr
sahen – so daß das fröhliche Gemecker sehr
schnell versickerte, Gott, schenk ihnen die
ewige Ruh.

*

Die Geschichte, die ich jetzt erzähle, stammt
von einem der geistreichsten Fußball-Feuille-
tonisten unserer Tage. Als der legendäre Mit-
telfeldmotor Spundflasche von der »kleinen«
Altona zum »großen« HSV wechseln wollte,
legten die Altonesen, um ihn zu halten, Spundflasche eine wunderschöne Frau ins Bett.
Spundflasche, nicht faul, nagelte sie nach

Strich und Faden und – ging trotzdem zum HSV. Diesen Schabernack haben ihm seine alten Kameraden nie verziehen . . .

*

Horst Szymaniak sollte seinen Vertrag verlängern. Man bot ihm ein Viertel Aufstockung. Er wolle aber ein Fünftel, kreischte der Erfinder der Szymaniak-Grätsche. Ein schönes Beispiel für die Bescheidenheit unserer Spitzenspieler auch in Zeiten des Hochkapitalismus.

*

1960. Frankfurter Waldstadion. Eintracht – Glasgow! 6:1! Die Zuschauer begeistert! Wogen der brandenden Freude! Sprechchöre! Das Stadion steht Kopf! – Alle aber übertrifft an Begeisterung der Eintracht Altanhänger Richard (»Ritschi«) Wurbs. »Kerle, Kerle«, flüstert er ein ums andere Mal vor sich hin, »Kerle, Kerle.« Es klingt wie »Gählegähle«. Niemand hört's – das Geplärr ist zu übermächtig. Aber ist es nicht wie eine Feier? Ist es nicht wie ein stilles Gebet? Und sind Gott die stillen, die ganz leisen Gebete nicht die – allerliebsten?

*

Von Anekdoten umschwirrt ist auch das Fuß-
ball-Leben von Bundestrainer Jupp Derwall.
So sollte er z. B. bei seiner Prüfung zum Bundestrainer die berühmte Breslauer Elf auswendig aufsagen. Verstört, ja von Prüfungsangst
betäubt, begann Derwall: »Tilkowski – Hött-
ges – Schnellinger – Schulz –« – aber da unterbrach ihn schon der prüfende Hermann Neuberger: »Aber-aber, Herr Derwall, Breslau!

Nicht London! Gomulka! Papst Johannes
Paul! Vorkrieg! Polen! Gadocha! Chopin! Der

Polin Reiz! Nun reißen Sie sich doch mal zusammen!«

Verwirrt bis zu einer perversen Ohnmacht, bat Derwall um drei Tage Bedenkzeit, freite dem Bruder den Gatten, ließ sich dafür ein altes Kiddy-Kaugummi-Fußball-Album schenken, lernte die Breslauer Elf sieben Stunden lang in- und auswendig und – wurde schließlich doch noch Bundestrainer und war natürlich selig.

*

Bei der Weltmeisterschaft 1966 in England kam es, wie erinnerlich, zu einem sehr umstrittenen Tor (3:2), welches aber den Gastgebern vor den Deutschen den Titel bescherte. Noch lange grollte ganz Deutschland und alles tobte – erst als der Bundespräsident H. Lübke entschied: »Der Ball war drin, ich habe es selber gesehen«, waren es seine Landsleute wieder zufrieden und gaben wieder nach und eine Ruh.

*

Der drahtige Verteidiger Paul Janes, in 30 Spielen auch Kapitän der Nationalelf, war ein gefürchteter Scharfschütze bei Freistößen und Elfmetern. Sieben Länderspieltore resultierten

hieraus. Nach dem Krieg war Janes Absolvent
des ersten Trainerlehrgangs unter Herberger,
betreute anschließend eine Reihe von Verei-
nen, eröffnete später in seinem Heimatort
Leverkusen-Küppersteg eine Gastwirtschaft
und lebte bis zu seinem Tode im Ruhestand.

*

Vorher aber – war echt was los. 22. Oktober
1939, Krieg im Anfangsstadium, alles war
strenger geworden. Die Nationalmannschaft
hatte 2:1 in Sofia gewonnen, Paul Janes losen
Tabak gekauft und ihn in eine Brötchentüte
umgepackt. Deutsche Grenze – Zoll! Zöllner:
»Was haben Sie in der Tüte?« Janes: »Vogelfutter!« – Zöllner guckt hinein: »Das ist doch
Tabak!« Janes: »Vogelfutter!« – Das gleiche
noch dreimal hin und her. Zöllner: »Was haben
Sie für einen Vogel?« – Janes: »Kanarien-
vogel!« Zöllner: »Das ist Tabak, den kann der
Vogel doch gar nicht fressen!« Janes (im Düs-
seldorfer Platt): »Wenn e datt nit friss, kritt e
jarnix!« Der Zöllner verließ kopfschüttelnd das
Abteil, Janes packte sein »Vogelfutter« in den
Koffer. Die Kameraden fragten sich verwun-

dert, ob sie jemals schon einen solch langen Dialog ihres Verteidigers erlebt hatten.

*

Die Stadionzeitung von Arminia Bielefeld teilt uns dagegen diese Anekdote mit: Der ehemalige Arminia-Mittelstürmer Dieter Brei trug 1970 den Spitznamen »Bleisoldat«. Wie es dazu kam? Als der Dieter aus der Kreisklasse (Sende) zur Bundesliga wechselte, tat er seinen Dienst beim Bund und mußte in Augustdorf wie jeder andere Soldat ran. Erst im letzten Jahr kam er zur Sportkompanie Essen und schaffte dann auch den Sprung in die Mannschaft. Egon Piechaczek soll ihn damals dagegen auch immer »Brei-Soldat« gerufen haben . . .

*

Der hervorragende Benifica-Lissabon-Stopper Germano traf einmal zufällig auf Dortmunds früheren linken Läufer Erich Schanko, der, wie auch Germano, schon zu seiner aktiven Zeit, völlig plattert war. »Der frühe Wegfall der Haare hat mir spielerisch immer genutzt«, erklärte Germano, »dadurch konnte ich die

Kopfbälle genauer plazieren.« »Da schau an«, wunderte sich Schanko, »und ich glaubte immer, das wäre das Manko vom Schanko.« »Schon gut«, tröstete Germano den Deutschen, »ein Match?« Und dann köpfelten sich die beiden doch tatsächlich stundenlang den

Ball zu – ein in seiner Reife fast ergreifendes Schauspiel.

*

Das europäische Fußball-Allround-Genie der Roaring Thirties »Spezi« Schaffer hieß deshalb so, weil er schon in eben diesen Dreißiger Jahren andauernd – nicht wahr? – das Cola-Limo-Gemisch Spezi trank, das es zwar dortmals noch nicht gab, aber ist doch scheißegal.

Aaaaber: Ein unvergeßlicher Kamerad war er trotzdem, der »Spezi« Schaffer.

*

Während in der berühmten Breslauer Elf in der Hintermannschaft mit Münzenberg, Kupfer und Goldbrunner gleich drei Metallfüße standen, ist das Erz in der heutigen Bundesliga nur noch durch Bernd (»Hammer«) Nickel vertreten. (Hinweis von Theologiestudent Reinhard Umbach, 3400 Göttingen, Kornmarkt 6.)

*

Einmal, bei der Weltmeisterschaft in Mexiko, schliefen die beiden Torleute »Sepp« Maier und »Luffe« Wolter in einem Zimmer. Sie konnten aber nicht einschlafen. Da schlug S. Maier einen Fez vor: »Weißt was, Luffe«, sagte unser Stammtorwart, »wir holen uns jetzt einen nach dem anderen runter. Wer zuerst bei zehn ist, hat gewonnen!«

Nun gut also, Maier und Wolter legten sofort mit Feuereifer los, bald hatten sie hochrote Köpfe und schwitzten vor »Anstrengung« – und am Ende, die Uhr schlug eben eins und auf dem Gang hörte man die schweren Kontrollschritte Helmut Schöns, hatte der Sepp verdient mit 10:9 gewonnen. Was Wunder, daß der »Erschöpfte« anderntags gegen Italien viermal hinter sich greifen mußte (3:4 n. Verl.) . . .

*

Auch unsere Spitzenpolitiker huldigen immer wieder »König Fußball«. Bundestagspräsident

Richard Stücklen, der bekanntlich so dumm ist, daß kein Stein auf dem anderen trocken hinter den Ohren bleibt, ist z. B. trotzdem ein gleißender Anhänger des runden Leders. Einmal traf er den gleichfalls fußballbegeisterten (und gleichfalls strohinfantilen) FDP-Frak-

tionsvorsitzenden Mischnik bei einem Länderspiel. »Wie es wohl heute ausgeht?« sann
Stücklen früh besinnungslos. »Vielleicht zwei-
eins«, redete es aus Mischnik. »Also wie bei –
praktisch – der Bundestagswahl«, flüsterte
Stücklen über sich selbst erschrocken.
»Wieso?« wunderte Mischnik sich betäubend.
Aber Stücklen lächelte nur verheerend. So hat
ein Dummkopf den andern Blödmann doch
noch sportlich übertölpelt.

*

Bei der Fußballweltmeisterschaft 1982 in Spa-
nien kam es auch zu dem berühmten Skandal-
spiel Deutschland – Österreich (1:0) – bei dem
der Algerier der Geprellte war. Freilich, selbst
als nachher die gesamte Weltpresse von Ge-
meinheit, Lumperei und Verrat sprach, vermochte keiner der 24 beteiligten Sauköpfe und
Kotzbrocken einzusehen, warum. Keiner.

*

 Als S. Herberger noch nicht der junge Aus-
wechsel-Wasserträger vom Dresdner SC
»Anno dunnemals«, sondern schon der alte
Geist von Spiez war, da geschah es, daß mitten-

drin der Ungeist Klapustrata vor ihn hintrat und also schwallte: »Einen Sieg über die Ungarn will ich dir schenken, wenn du morgen gegen die Magyaren gewinnst. Ja?«

Sepp Herberger überlegte »soll ich oder soll ich nicht – Klasse wär's ja«, doch dann raffte er all seine Bauernschläue zusammen und sagte dem Ungeist kurzerhand ab. Und gewann – gewarnt – anderentags trotzdem 3:2 durch Tore von Morlock, Rahn und weißkeinmehr.

KRITISCHE THEORIE –
SCHMUNZELND

Anekdoten rund um
die »Frankfurter Schule«*

---

* Bei diesen wie bei den Hegel-Anekdoten sind
alle Zitate nichtfiktiv – mit Ausnahme derer, die
leicht als fiktiv erkennbar sind.

Der Erste Schultag

Einmal, Anfang der Dreißiger Jahre, saßen in
der Frankfurter Uni-Mensa Max Horkheimer,
Friedrich Pollock, Theodor W. Adorno, Herbert Marcuse, Erich Fromm und Jürgen Habermas beieinander und überlegten hin und
her. »Jetzt sind wir sechs ausgewachsene Kritische Theoretiker«, sann Max Horkheimer,
»jetzt fehlt uns eigentlich nur noch ein Name!«
»Die Sechserbande!« schlug Fromm sofort
übermütig vor. »The Roaring Six!« krähte der
im Angloamerikanischen beschlagene Marcuse. Usw., keiner drang aber so recht durch,
bis es plötzlich, während Pollock gerade ein
besonders albernes Wortspiel mit »Sex« erwog,
Adorno siedendheiß kam: »In ganz Deutschland«, rief der junge Gelehrte, der sich gerade
mit einer Arbeit über Kierkegaard hervortat,
»als unvergleichlich hat immer wieder die evident hohe Spielkultur der Frankfurter Ein-
tracht sich gezeigt. Warum sollten wir, in legi-
timer Analogie dazu, nicht mit einem jenseits
aller unveräußerlichen Dialektik stringenten

›Die Frankfurter Schule‹ ins kurrente Gerede uns bringen und so in Geschichte der Philosophie, die, nach Hegel, auch immer Philosophie von Geschichte ist, uns eingravieren?«

»In Ordnung«, stimmte Max Horkheimer sofort zu – und die »Frankfurter Schule« war gegründet. Zuerst logierte man da und dort, u. a. im damaligen Elisabethengymnasium in der Koselstraße – später, als die Verlagsgelder reichlicher zu sprudeln begannen, zog man dann ins »Grandhotel Abgrund« um, gleich links vom Hauptbahnhof, Richtung Maa.

*

Eine andere Version über die Entstehung der »Frankfurter Schule« erzählt man sich im Hanauischen. Max Horkheimer hatte von einem Onkel mütterlicherseits einen prächtigen Batzen Geld geerbt – der ihn als Marxisten aber ganz schön in Verlegenheit brachte. Bis ihn, auch in dieser Version, sein Freund Adorno mit dem Satz erlöste: »Wer aber standhalten will, darf nicht befangen bleiben im leeren Erschrecken, Max!«

Dies habe, weiß die Anekdote weiter, Horkheimer sofort überzeugt, er investierte sein

Geld in die »Frankfurter Schule« – während
Adorno seinen Satz für die spätere Buchfassung
etwas ummodelte.

*

Wie aber war alles gekommen? Nun, als Max
Horkheimer noch nicht Kritischer Theoretiker, sondern noch Betriebsleiter der väterlichen
Firma im schwäbischen Zuffenhausen war, geschah es, daß er plötzlich das Leid der Welt
erkannte. »Mensch, Mensch«, dachte Horkheimer und wandte sich erst mal dem Marxismus zu.

Ähnlich dachten damals viele.

*

Erst als es dann später zu den berühmten stali-
nistischen Verbrechen kam, dachten sie wieder
um und wandten sich vom Marxismus ab. Eine
eigene Schule sei eh besser, pflegte damals Max
Horkheimer neugierige Fragesteller schmun-
zelnd abzuwimmeln.

*

Eines Tages, Mitte der Dreißiger Jahre, saßen
Max Horkheimer, Adorno und Pollock wieder

mal im Grandhotel Abgrund herum und philo-
sophierten vor sich hin. »Das Ganze ist das
Unwahre!« zischelte Adorno plötzlich empha-
tisch, doch Pollock bestand darauf, so brutal
könne man es auch wieder nicht sagen; erstens
mache das in der Öffentlichkeit einen schlech-
ten Eindruck und zweitens sei es einfach nicht

wie äußerst geschickt
jener mischte...

wahr, »und was wahr ist, muß auch wahr bleiben!« rief Pollock und haute auf den Hoteltisch in der Lobby, »ist doch wahr!« Horkheimer versuchte wie immer zu vermitteln und schlug erst mal eine ruhige Partie Skat vor – doch Pollock wollte einfach nicht nachgeben – und Adorno seinerseits insistierte sogar darauf, daß gerade die perhorreszierende Rigidität seines notabene Hegel negierend auf den Kopf stellenden Theorems viel Beifall, ja echte Popularität zu erwarten habe, wenn alles gut ginge.

Und wie recht Adorno behalten sollte, weiß der, der, während Horkheimer die Karten mischte, mitkriegte, wie geschickt, wie äußerst geschickt jener mischte . . .

*

Die Arbeit an ihrem gemeinsamen Hauptwerk »Dialektik der Aufklärung« teilten sich Max Horkheimer und Th. W. Adorno so ein, daß der erstere jeweils von 8 bis 12 Uhr, der andere nach der Mittagessen-Absprache von 14 bis 18 Uhr dran tippen sollte. Das ging auch eine Zeitlang ganz gut und die Arbeit zügig voran – einmal aber hatte Horkheimer am Abend zuvor einen über den Durst getrunken, und am

43

nächsten Tag an der Schreibmaschine tat er sich natürlich schwer. »Die Di . . . die Di . . . die Dings . . . Didi-Vava-Pele . . . die Diarrhoe . . . die Di . . .«, so raunte es eine Stunde lang durch seinen Kopf, es mochte aber nicht recht vorwärtsgehen – so daß Horkheimer Adorno zu sich befahl, dieser möge doch ausnahmsweise schon am Vormittag für ihn weitermachen – er, Horkheimer, schaue sich derweil auf der Bank um und kümmere sich um die Verlagsvorschüsse. Th. W. Adorno durchschaute natürlich des Freundes Handicap sofort und ließ sich die Gelegenheit zu einem Streich nicht entgehen. »Die Dialektik«, vollendete er schelmisch, »haut nur hin, wenn zwei sich nüchtern stets bemühn!«

Erschrocken über die latent autoritative Ranküne und falsche, nämlich scheinhafte Geschmeidigkeit des kontingenten Reims, strich Adorno die Zeile aber sofort wieder durch, um, freilich nicht weniger anspielungsreich, fortzufahren: »Die beiden prototypischen Schiffbrüchigen machen aus ihrer Schwäche – der des Individuums selber, das von der Kollektivität sich scheidet – ihre gesellschaftliche Stärke. Dem Zufall des Wellengangs ausgelie-

fert, hilflos isoliert, diktiert ihnen ihre Isoliert-
heit die rücksichtslose Verfolgung des atomistischen Interesses.«

Als Max Horkheimer am Abend von seinem
Frühschoppen zurückkam und seine sieben
Zwetschgen soweit wieder beieinander hatte,
lobte er sehr die neue Lösung. Und dies, ob-

Das Buch wurde langsam fertig.

gleich er, ehrlich gesagt, die Sache mit dem »atomistischen Interesse« noch immer nicht ganz kapierte. Aber sei's wie dem wolle, schon am nächsten Tag ging alles wieder seinen geregelten Gang, das Buch wurde langsam fertig und ein voller Erfolg – und Adorno konnte sich endlich seinen Lieblingswunschtraum erfüllen: einen nagelneuen Porsche Turbo.

*

Einmal beantragte auch Walter Benjamin die Aufnahme in die »Frankfurter Schule« – er hatte davon läuten hören, daß sich deren Mitglieder wechselseitig ganz schön die Hände wuschen und hochfeaturten – und in Benjamins Kasse war wieder mal Ebbe. Mehrere Mitglieder (Pollock!) lehnten barsch ab, andere zeigten sich schwankend – bis Max Horkheimer, dem Nestor, Spiritus rector und Stubenältesten der Anstalt, wieder mal der rettende Einfall kam: »Jede Schule hat einen Benjamin – soll er eben zusehen, daß er dialektisch bald trocken hinter den Ohren wird!«

Benjamin ward also aufgenommen und – versagte nicht. Bald war er dialektisch trocken hinter den Ohren, schrieb emsig Aufsatz um Aufsatz, und nach seinem Ableben gelang es Adorno sogar, sich mit der Herausgabe von Benjamins Gesammelten Werken ein kleines Zubrot zu verdienen.

*

Als Erich Fromm seinerzeit an seinem Hauptwerk »Haben oder Sein« schuftete, machte ihn Max Horkheimer darauf aufmerksam, daß der Todfeind der Frankfurter Schule, Martin Heidegger, bereits ein sehr ähnlich klingendes Buch »Sein und Zeit« abgefaßt habe. »Na und?« rief Fromm, »soll er doch haben! Seine Zeit ist eh um!«

Da seufzte Horkheimer erleichtert auf, lächelte entzückt über die Virtuosität dieses gelungenen Wortspiels und ging zur Tagesordnung (Binding-Brauerei-Aktien!) über.

*

Dieselbe Anekdote wurde später von manchen Frankfurter Kritischen Theoretikern auch etwas anders erzählt. Berühmt ist die Version von Alfred Schmidt. »Na und!« habe Fromm geschrien, »und Sartre hat ein ›Sein und Nichts‹ geschrieben und Gustav Freytag ein ›Soll und Haben‹ und Hemingway ›Haben und Nichthaben‹, also – was soll's? Und überhaupt!«

Auch in dieser Version habe Horkheimer erleichtert aufgeseufzt, diesmal aber nicht ganz so entzückt über die Virtuosität des gelungenen Wortspiels gelächelt und sei dann jedenfalls auch zur Tagesordnung (Parole: Auch noch Henninger kaufen!) übergegangen.

*

Als Anfang der Dreißiger Jahre die Gewinne des Instituts für Kritische Theorie sehr erfreulich zu mehren und häufen sich begannen, erlaubte Max Horkheimer zum Lohn einen Betriebsausflug in die Toscana. Alle waren begeistert und alles ging aufs beste, nur daß Adorno und Benjamin, die es inzwischen stark miteinander hatten, im Omnibus dauernd schwätzten und nicht auf die schöne Landschaft aufpaßten, sondern Melancholie hie, objektlose Innerlichkeit dort. So daß es endlich ein Donnerwetter Max Horkheimers setzte, der den beiden auch eine Strafarbeit verpaßte. Adorno mußte ein Städtebild von Lucca, Ben-

Fünf Minuten Pinkelpause —

jamin eins über San Gimignano schreiben –
und siehe, die Aufsätze gerieten so wohl, daß sie
Horkheimer sogar noch beim Suhrkamp-
Verlag (edition suhrkamp 201 bzw. 17) unter-
bringen konnte.

*

Ein andermal war es, da versuchte Walter Benjamin einen Satz zu bauen, den selbst Adorno
nicht verstehen sollte: »In dieser reinen Spra-
che, die nichts mehr meint und nichts mehr
ausdrückt, sondern als ausdrucksloses und
schöpferisches Wort das in allen Sprachen ge-

49

meinte ist, trifft endlich alle Mitteilung, aller Sinn und alle Intention auf eine Schicht, in der sie zu erlöschen bestimmt sind.«

Indessen, Adorno hatte auch dafür Verständnis und zahlte Benjamin nicht schlecht heim: »Unversöhnlichem Denken ist die Hoffnung auf Versöhnung gesellt, weil der Widerstand des Denkens gegen das bloß Seiende, die gebieterische Freiheit des Subjekts, auch das am Objekt intendiert, was durch dessen Zurüstung zum Objekt diesem verloren ging.«

*

Als 1933 die Nazis das Regiment übernahmen, hatte Max Horkheimer große Angst, daß nun alles aufkäme. Er siedelte deshalb nach Genf über und gründete dort als Filiale des Instituts für Sozialforschung die »Société Internationale des Recherches Sociales« – in der Hoffnung, daß die »braunen« Machthaber das nicht recht verstünden. Hitlers Helfer aber durchschauten den Trick, so daß es Horkheimer in New York mit einem täuschenden »International Institute of Social Research« nochmals probieren mußte. Auch diese Finte blieb den Nationalsozialisten nicht verborgen – und alles wäre immer so weiter gegangen, wenn Hitler den Krieg nicht eines Tages verloren hätte – »gottseidank«, wie damals Th. Mann zu Brecht sagte . . .

Thomas Mann sagt:
„gottseidank"

Vorher schon kam es einmal zu einem Fußball-Freundschafts-Match »Frankfurter Schule« gegen »Wiener Schule«, der damals u. a. Alwin Schönberg, Arthur Berg und Alois Webern, aber auch – Th. W. Adorno, nämlich als Schüler Bergs, angehörten. Nun war natürlich

Frankfurter Schule - Wiener Schule

guther Rath theuer, bei wem Adorno spielen sollte – bis sich die Kapitäne Horkheimer und Schönberg dahingehend einigten, Adorno solle in der ersten Halbzeit bei der »Wiener Schule«

im Sturm, in der zweiten aber bei der »Frankfurter Schule« als Ausputzer spielen, und zwar – selbstverständlich! – beide Male mit radikalunversöhnlichem Engagement, versteht sich.

Alle dahingehende Einigung erwies sich freilich wenig später als nutzlos, als sich nämlich herausstellte, daß Adorno gar nicht Fußball spielen konnte.

»Obwohl es«, wie Habermas diese Geschichte später ergänzte, »doch heißt: Der Theodor im Fußballtor!« »Jürgen, Jürgen«, warnte der Genasführte, aber mit diesem albernen Vornamen konnte selbst der sprachgewandte Adorno keine Anekdote zusammenschustern.

*

Immer wieder beschwerte sich Herbert Marcuse über die leidigen Verwechslungen, die von der Namensgleichheit mit dem Philosophen Ludwig Marcuse herrührten, der aber nicht der »Frankfurter Schule« zugehörte, sondern direkt von Schopenhauer herrührte. »Jetzt schreibt der Bursche auch noch ein Buch namens ›Pessimismus‹!« geiferte Herbert Marcuse eines Tags, »könnte von mir sein! Sauerei!«

»Schreiben Sie einfach eins über den ›Eindimensionalen Menschen‹«, begütigte Max Horkheimer, der gerade in der Bel Etage des Grandhotels Abgrund Billard spielte, »dann haben Sie ihn doch in der Tasche!«

Und so geschah's denn auch.

*

Später einmal wollte auch Siegfried Kracauer in den Kreis der Kritischen Theoretiker aufgenommen werden. Friedrich Pollock war es, der sich besonders stark dagegen stemmte – und für den Spott brauchte er natürlich nicht zu sorgen. »Ist es an dem«, unkte Habermas, »Friedrich ist deshalb dagegen, weil seine Intention dahin geht, daß ein Polack – also: ein Pole – in der ›Frankfurter Schule‹ schon genügt, indessen, käme jetzt noch ein Kracauer dazu, dann wäre dem marxistisch-leninistischen Sozialismus im Sinne der wissenschaftstheoretischen Veröstlichung einer radikalen Erkenntniskritik als Prozeß jenseits des phänomenologischen Kant'schen Szientismus, und das meint der unnachgiebigen Selbstreflexion von Metakritik wider die pseudonormativen Regelungen normativer Forschung im Kontext zum Positivismusstreit, – Tür, Tor und Theorie geöffnet!«

»Habe ma's?« (Haben wir's) fragte Horkheimer weniger streng als gutgelaunt nach diesem Bonmot.

Die Anekdote gilt als eine der besten und dialektischsten, die sich je im Kreis der »Frankfurter Schule« zugetragen haben. Die Aufnahme Kracauers aber mochte natürlich nach diesem Capriccio nicht mehr recht vorwärts gehen – so daß sich dieser dann doch vermehrt der Einzelschreiberei zuwandte.

*

Um die verzweifelte Stimmung, welche die »Frankfurter Schule« um das Jahr 1933 herum befallen hatte, etwas aufzulockern, veranstaltete Max Horkheimer eines schönen Tages einen kleinen Wettstreit. Derjenige sollte Sieger und der beste Kritische Theoretiker sein, der das Reflexivum »sich« am weitesten postponieren (nachstellen) konnte. »Das hört *sich* gut an!« rief Erich Fromm und schied sofort aus. »Jetzt wird *sich* mal zeigen«, schrie begeistert Herbert Marcuse, »wer was drauf hat im Kopf!« – und natürlich sah damit auch Mar-

cuse kein Land. Etwas geschickter stellte sich Walter (»Benjamin«) Benjamin an, der mit einem »Der Marxismus muß mit dem Judentum *sich* verbrüdern!« zum Erfolg zu kommen hoffte. Habermas hatte offensichtlich die Regel mißverstanden oder was, jedenfalls schied er mit seinem Beitrag »*Sich* denken, bringt wahre Selbstreflexion des Geistes« aus, und auch Pollock brachte es mit einem »Gott ist an *sich* im Himmel« nicht recht weit, ja er wurde sogar mit Schulverweis bedroht (nachher wollte er es ironisch verstanden haben usw., was aber vor allem Marcuse bestritt, während Fromm irgendwie mit der ganzen Welt verkracht war und nur verbissen an seiner Rache bzw. einem Bleistift kaute) – jedenfalls legte nun lächelnd Max Horkheimer mit dem Satz »Die Judenfrage erweist in der Tat als Wendepunkt *sich* der Geschichte« einen echten Hammer vor, indessen –

– nicht zu glauben, daß auch dies noch übertroffen werden konnte: Sieger wurde und sein Meisterstück machte nämlich Adorno mit dem seither geflügelten Satz: »Das unpersönliche Reflexivum erweist in der Tat noch zu Zeiten der Ohnmacht wie der Barbarei als Kulmina-

56

tion und integrales Kriterium Kritischer Theorie *sich.*«

Selten ein schönerer, ein rührenderer Anblick als der, da Max Horkheimer mit den Worten »Brav, sehr brav« dem Jüngeren über den schon haarlosen Kopf strich und ihm als Siegestrophäe Fritzi Massary überreichte.

*

Als Max Horkheimer 1953 nach seiner Bestallung als Rektor der Universität Frankfurt mit Theodor Heuss Brüderschaft trank, geschah es plötzlich, daß Heuss auch nach einer Kurzdarstellung der Intentionen der Kritischen Theorie fragte. Horkheimer versuchte sein Bestes, aber schon nach zwei Stunden unterbrach ihn Heuss lachend: »O du liab's Herrgottle von Biberach!«

*

Später einmal, zu Beginn der Studentenrebellion, weigerte sich Marcuse einmal, seinen Mietanteil am Grandhotel Abgrund zu bezahlen. Seitdem hat das Wort von der »großen Verweigerung« Frankfurter Schule gemacht, nein und nochmals nein: diese Anekdote will auf keine und sei's noch so latent symbolische Parabel hinaus, sondern nur auf einen extrem schmalen Wortwitz.

*

Wegen Umbauarbeiten im Grandhotel Abgrund fanden die Gruppenstunden der

»Frankfurter Schule« zu Beginn der 6oer Jahre im Gasthaus Mentz/Krenz im Bornwiesenweg statt. Erinnerte sich später der Wirt Hans

Mentz, er habe, »als die Herren Gelehrten
noch schauen mußten, wo sie blieben«, den
gesamten Vertretern der Kritischen Theorie
»von Adorno bis Alfred Schmidt« 20 Mark
geliehen bzw. »die Herren haben hier in die
Kneipe ihre Studenten mitgebracht und Vorlesungen gehalten.« (cf. Eckhard Henscheid,
Die Vollidioten, p. 183).

*

Der späte Max Horkheimer hatte es bekanntlich stark mit dem Geldautomatenspielen,
heimlich indessen auch im tessinischen Monta-
gnola mit einer »theologia occulta«. Gottseidank kam ihm Adorno nicht mehr drauf, sonst
»hätte es vielleicht was gegeben« (Alfred
Schmidt/Oskar Negt/Alexander Kluge u. a.:
Kritische Theorie negativ zu Ende gedialek-
tikt). Aber Adorno war schon tot.

*

Dagegen war der alte Adorno seinerseits arg
hinter den Röcken her. Als ihn Max Horkheimer deshalb sogar einmal verwarnen mußte,
wenn das so weitergehe, entziehe er ihm mit
Rücksicht auf die Springerpresse die venia

legendi, außerdem habe er doch zuhause schon
eine Frau, – da überraschte der noch immer
geistig rüstige Adorno den Chef mit dem Satz:
»Nur wenn das, was ist, sich ändern läßt, ist
das, was ist, nicht alles. Hehe!«

Seitdem hatte Adorno seinen Spitznamen
»Teddy« (meint: der Fuchs) weg.

*

Unabhängig davon ließ Adorno aber auch
fortan nicht von seiner Unart. Einmal, an der
Bockenheimer Warte in Frankfurt, überquerte
ein sehr schönes Mädchen die Straße. Adorno
sah ihm begeistert durch die dicke Brille hin-
durch nach. Um Ärgeres zu verhüten, trat nun

Frau Gretel zwischen den Philosophen und die junge Frau, so jenem barsch den Blick verstellend. Doch Adorno, nicht faul, legte einfach den Spazierstecken waagerecht an den Bauch seiner Gattin und schob diese mit einer Kraft und Entschlossenheit, die bei einem so kleinen Mann verblüffen mag, wieder weg. Jetzt war die Sicht wieder frei. Ah! Welche adorablen Titten! O meraviglia! O sogno! O divina bellezza! (Nacherzählt nach einem Erlebnisbericht von Regina Angenend.)

*

Wie anfangen, wie enden? Die folgende Anekdote erzählt sich gar nicht leicht, obwohl sie vor Esprit fast funkelt. Jedenfalls war es in der Zeit, als die »Frankfurter Schule« auch »Café Marx« hieß, da wurde auch plötzlich die Scherzfrage laut, warum das Café dann nicht »Max« (i. e. Horkheimer) heiße. Bzw. anders gefragt, wurde die Frage dahingehend laut, ob es nicht ohnehin besser sei, wenn »Max Horkheimer« statt dessen »Oskar Marx-Horkheimer« heiße. Bzw. hieße. Usw. Warum auch immer »Oskar« – um diesen in der (Scherz-)-Fragestellung ganz evident beheimateten Witz irgendwie mit Hängen und Würgen zu retten, lautete die als Studentenulk gestellte Frage dann meist so, was eigentlich der Unterschied zwischen »Marx« (Weber) und »Max« (Horkheimer) sei. Und die Antwort lautete in der vergleichsweise capriciösesten aller denkbaren Varianten: das »R«. Meint nämlich: Rußland. Denn: bekanntlich lobte »Max« (ergänze: Horkheimer) zwar z. T. »Marx«, aber der »Marxismus« (Stalinismus) gefiel ihm, »Max« (wie auch seinem »Moritz« Adorno), gar nicht. Nein, wirklich nicht.

*

Einmal neckte Habermas Theodor W. Adorno, der ja eigentlich »Wiesengrund« hieß (wovon noch heute das »W« Zeugnis ablegt), mit dem Aperçu, er sei wohl der Verfasser des Volkslieds »Im schönsten Wiesengrunde«. Doch der versierte Adorno beschämte den Jüngeren mit dem Verweis, Anekdoten auf solch schlecht-naiver, ergo korrupter Ebene, welche die Kontinuität unbarmherziger Selbstreflexion verrieten, schätze er, Adorno, nun mal nicht, und außerdem habe er, Habermas, auch eine Hasenscharte . . .

Max Horkheimer war bekanntlich ein aus-gezeichneter Tierstimmenimitator. Von Erich (»Frisch-Fröhlich-Frei«) Fromm gefragt, warum ihm das gar so gefalle, antwortete Horkheimer meist auswendig: »Jedes Tier erinnert an ein abgründiges Unglück, das in der Urzeit sich ereignet hat« (Dialektik der Aufklärung, S. 221). Natürlich konnte da der gefoppte Fromm nur noch domm brommen; was er denn auch stundenlang tat.

Ein ausgezeichneter Tierstimmenimitator

Dagegen wäre Fromm mit der Antwort: »Die Tiere bedürfen des Menschen« (Kritische Theorie, S. 208) nicht ganz zufrieden gewesen.

Als J. Habermas einmal 1980 den Theodor W. Adorno-Preis erhalten sollte, und zwar ausgerechnet aus der Hand des CDU-Bürgermeisters Walter (»Dodl«) Wallmann, wurde er auch gefragt, ob er sich denn da nicht was schäme.

»Ach was«, antwortete Habermas schlagfertig, »Adorno hätte ihn auch genommen!«

*

Ob die folgende Anekdote den Tatsachen entspricht, ist »nicht ganz sicher« (Ernst Bloch) – »gut ist sie jedenfalls« (Ossip Flechtheim): Als in den späten 60er Jahren auch Alexander Mitscherlich in die »Frankfurter Schule« eingeschleust werden sollte, scheiterte im letzten Augenblick alles daran, daß auch Ehefrau Margarete Mitscherlich mitwollte. Aber natürlich ließ »ein weitschauender Mann« (Wolfgang Abendroth) wie Max Horkheimer derlei »nun doch zu weit gehenden Unfug« (Norbert Elias) gar nicht erst zu.

*

Zuzeiten, wie gesagt, wurde die »Frankfurter Schule« nicht nur »Grandhotel Abgrund«, sondern auch »Café Marx« genannt. Viele Neuankömmlinge unter den Frankfurter Philosophiestudenten wurden dadurch so verwirrt, daß sie weder das eine noch das andere fanden, sondern endlich, in den späten 70er Jahren, nach vielen sinnlosen Irrwegen im »Pizza-Peter«, Ecke Glauburg-/Friedbergerstraße, landeten, wo der bein- und knochenharte PR-Mann B. Rösselmann ihnen heute noch, meist nach 0.40 Uhr, einen doppelten Grappa ausgibt.

*

In den späten 60er Jahren und im Zuge der Studentenbewegung geschah es, daß auch innerhalb der CDU/CSU mancher Verdruß über die Lehre Max Horkheimers und der Seinen sich rührte. Vor allem Franz Josef Strauß polemisierte immer wieder gegen die »desolate Philosophie, die dissolute Psychologie und die liederliche Politik«, die hinter den Schachzügen der »Frankfurter Schule« lauerten – bis Max Horkheimer eines Tages aus dem Tessin herauf konterte, Konrad Adenauer selbst sei es doch gewesen, der ihm 1953 als neuem Rektor der Frankfurter Universität gratuliert habe!

Das unübertre!!liche Bild aber,—
"Max Horkheimer und die Seinen"
ist von Volker Kriegel.—

Sofort rief nun Strauß wegen einer Krisensitzung Stoiber, Zimmermann und den dummen Tandler zu sich, um über die neue Lage zu beraten. Nach drei Stunden waren sie aber noch immer auf keinen grünen Zweig gekommen. »Sakrament!« wütete Strauß. »Abendessen!« rief seine Gattin Marianne (geb. Zwicknagl) dazwischen. »Jetzt halt a'mal du dei' Fotz'n!« herrschte Strauß seine Ehefrau an. Was Wunder, daß Zimmermann, Stoiber und vor allem – allen voran! – Tandler wie erlöst aufwieherten . . .

*

In den späten 70er Jahren dagegen bewarben sich viele darum, einst Lieblingsschüler Adornos gewesen zu sein. Als Sieger aus dem Rennen ging schließlich der Filmschauspieler und Werber Alfred Edel hervor, der angibt, »seinerzeit an der Uni viel mit Adorno und Habermas spekuliert« zu haben, der seine Denkperspektiven heute als »eine Legierung von Mystagogik und utopisch strukturiertem Maoismus« bezeichnet und sein Lebensprogramm als das »Miteinander von radikaler Erkenntnis und gemütlicher Moral, mit anderen

Worten: viel essen, viel trinken, fromm sein und a bißl geil.«

Genau.

*

Das Thema von Adornos Abituraufsatz an der heutigen Freiherr v. Stein-Schule in Sachsenhausen 1922 lautete: »Die Natur, eine Quelle der Erbauung, Erhebung und Erholung«. Adorno, nicht faul, schrieb ihn fehlerfrei und ohne Korrektur in Sütterlin herunter und kriegte eine Eins mit Stern. Später, kurz vor seinem Tod, spielte er auf dem Klavier dagegen nur noch Schumann.

*

Immer wieder und herb kritisierte Adorno in Buch und Gespräch die Jazzmusik. Ein Student fragte ihn, ob dies Verdikt auch für die neue Popmusik gelte, für die Beatles z. B. Adorno schwieg zuerst und dachte sehr lang nach. Erst auf die nochmalige dringliche Anfrage, ob seiner Meinung nach die Beatles auch schlecht seien, antwortete er langsam: »Ja, die auch.«

*

Die höchste Karte beim »Watten«, einem
bayerisch-tirolerischen Kartenspiel, ist bekanntlich der Herz-König, genannt »Max«.
Spötter aus dem Umkreis der Neukantianer,
der Neopositivisten und besonders die gemei-
nen Intriganten der Sir-Popper-Schule höhn-
ten deshalb gern, Max (!) Horkheimer habe
nur deshalb etc.

*

In der Folge dieser Anekdote gab es dann auch
Versuche, Adorno als »Welli« (Schellen-Sie-
ben, die zweithöchste Karte beim Watten),
Herbert Marcuse als »Spitz« (Eichel-Sieben,
die dritthöchste Karte) und Ha-bermas als
Ha-uptschlag (variabel, die vierthöchste
Karte) zu bezeichnen. Diese Versuche haben
sich aber nicht durchgesetzt. Sie stammen ja
auch nur von mir.

*

Als Max Horkheimer seinerzeit auf dem Ster-
bebette gefragt wurde, was es eigentlich mit
jener geheimnisvollen Formel von der Sehn-
sucht nach dem »Ganz Anderen« auf sich
habe, von der er zuletzt so gern gesprochen

69

hatte, da lächelte Horkheimer, wußte es aber selber nicht mehr. *Der* Ganz Andere lächelte auch, wartete auf den letzten Schnaufer des großen Gelehrten und holte dann seine Seele heim. So geht's immer, immerfort.

*

Zuvor aber schon, als in Frankfurt endlich selbst das Grandhotel Abgrund für den Abriß freigegeben und die »Frankfurter Schule« damit endgültig auseinandergebrochen, ja buchstäblich dem Erdboden gleichgemacht war, vorher schon organisierte Max Horkheimer von der Schweiz aus ein letztes Kameradschaftstreffen in Wyk auf der Nordseeinsel Föhr.

Warum auch immer gerade dort – alle, alle waren gekommen, doch als man, wie gewohnt, im Grandhotel der Insel absteigen und die Vorbereitungen für einen Bunten Abend mit Seminar und Lampions treffen wollte, war das Hotel schon vollbesetzt mit Surfern, CB-Funkern und Menschen in gelben Regenmänteln, und der Wirt, eine selten taube Nuß, sagte, daß kein Platz mehr für sie sei.

Unverdrossen orderte nun Max Horkheimer

Dämmerung brach herein...

für jeden seiner ehemaligen Kombattanten
wenigstens einen Strandkorb, sie stellten sie
nebeneinander im Sande auf, Dämmerung
brach herein, und die Herren nahmen, mit
Blick auf die unruhig wabernde See, Platz.

»Wie in alten Zeiten!« rief, nach einer Weile
fast dröhnenden Schweigens, Herbert Marcuse. Der Wellenschlag der Nordsee hallte
nach.

»Wieso?« kam es nach einigen Minuten hell
aus dem Strandkorb Adornos. Wieder Stille.

»Ach was!« Das war die Fromm'sche Stimme. Eine lange Pause trat ein.

»Na immerhin!« So brüchig, dennoch ungebrochen Pollock wenig später.

»Und überhaupt, wenn wir die Radikalität von Erkenntnis kritisch –« Der Rest von Habermasens Meinung ging im Meerschwall wohl für immer unter. Hätten die Freunde einander sehen können, schwerlich wäre ihnen entgangen, wie eine dicke kristallene Zähre da über die alte Wange von Max Horkheimer sich stahl und lautlos dann versickerte. Dann brach eh die Nacht herein.

Sämmtliche
Hegel-Anekdoten

Das Geistige allein ist das Wirkliche.

Das Schöne bleibt sich selber selig.
(Goethe, Faust)

Eines Tages arbeitete Hegel gerade an seinem
Hauptwerk, der »Phänomenologie des Geistes«. Plötzlich fiel ihm der Satz ein: »Das Geistige allein ist das Wirkliche«. Hegel stutzte,
überlegte hin, überlegte her – weil er ihm aber
so gut gefiel, schrieb er den Satz auch gleich in
das Buch hinein.

*

Wieder einmal plagte sich Hegel mit seiner
»Phänomenologie des Geistes« herum. Nichts
wollte heute gelingen. »Die Vermittlung der
Natur«, sann Hegel, »erkennt das Absolute in
der Reflexion, allein die gleiche Bewegung des
Selbst« – aber das war doch nichts! Das
stimmte doch hinten und vorne nicht! Das war
doch – perhorreszierend!
   »Perhorreszierend«! Gerade dieses Wort war
es dann, das in Hegel die Gedanken locker
machte. Jetzt klappte die Vorrede plötzlich:
»Dies Perhorreszieren stammt aber in der Tat
aus der Unbekanntheit mit der Natur der Ver-

mittlung und des absoluten Erkennens selbst. Denn die Vermittlung ist nichts anderes als die sich bewegende Sichselbstgleichheit, oder sie ist« (jetzt lief es wie geschmiert) »die Reflexion in sich selbst, das Moment des fürsichseienden Ich, die reine Negativität« (jetzt war Hegel schon nicht mehr zu bremsen) »oder, auf ihre reine Abstraktion herabgesetzt, das einfache Werden.«

»Na also!« rief Hegel aus, »so geht's doch auch!«

*

Einmal, in seiner Heidelberger Zeit, malte Hegel einen Punkt auf ein Blatt Papier und entfaltete ihn nach allen Regeln der Kunst in ein gleichseitiges Dreieck, i. e. These, Antithese, Synthese. Weil ihm das so gut gefiel, fiel ihm ein, daß er ja auch diese drei noch entfalten könnte. So wurden weitere drei Dreiecke draus. Erschrocken erkannte Hegel, daß das Ganze nun ein Drudenfuß sei. Bzw. ein Drudenfuß mit Pferdefuß. Damit es nicht aufkäme, nannte Hegel es aber lieber Dialektik.

*

Manchmal hilft im Leben selbst unserer besten Köpfe allein Klugheit weiter. Wieder einmal saß Hegel am Schreibtische und überlegte, was er schreiben sollte: »Das Wirkliche ist vernünftig« oder »Das Geistige allein ist das Wirkliche«. In seiner Not entschloß sich Hegel zum Äußersten – und packte das letztere in die Vorrede der »Phänomenologie des Geistes« von 1807, den anderen Satz aber in die Rechtsphilosophie von 1821.

*

Immerhin verzichtete Hegel dann großherzig auf die logische Consecutio finalis, daß dann wohl auch das Geistige das Vernünftige sei, welche gut und gern noch in die »Wissenschaft der Logik« hineingepaßt hätte. Sondern Hegel zeigte sich abermals als Meister der dialektischen Mehrfachverwertung, insofern als er in seinen Vorlesungen zur Philosophie der Religion zugab: »Das Schöne ist wesentlich das Geistige«. Womit denn definitiv das Schöne das Wirkliche war – wer hätte das gedacht.

*

Im Sommersemester 1806 las Hegel in Jena die Philosophie. Einst hielt er seinen Mittagsschlaf, wachte auf und glaubte, die Uhr habe schon

77

zum Kolleg geschlagen, das zwischen 3 und 4 Uhr anberaumt war. Er eilte in den Hörsaal, dort warteten auch schon Studenten, aber auf den Theologieprofessor Augusti, der die Stunde vorher von 2 bis 3 las. Hegel begann zu lesen und war bald so vertieft, daß er der Versuche der Studenten, die ihn mahnen wollten, es sei erst 2, nicht achtete. Inzwischen war aber Augusti gekommen, hörte an der Tür jemand sprechen, erkannte Hegels Stimme wohl und zog sich in der Meinung, er habe sich um eine Stunde vertan, wieder zurück.

*

Als Hegel später von der Verwechslung erfuhr, war natürlich des Schmunzelns und Grienens kein Ende.

*

Auf seine Braut Marie Tucher, die nachmalige Marie Hegel, machte Hegel in Nürnberg eine Zeitlang sehr schöne Gedichte. Eines endete mit den Worten: »Mein Herz in Deins hinüberfließt.« Was Wunder, daß der Heidelberger Dekan de Wette wenig später in einem Brief an den Minister Schuckmann von Hegels Philoso-

phie als einer »obskuren Geheimwissenschaft«
sprach.

*

Schon am Tübinger Stift, als er es noch mit
Schelling und Hölderlin hatte, beschäftigte
Hegel sich stark mit der Aufhebung der Selbst-
entfremdung bzw. der Rückkehr des Geistes zu
sich selbst. »Das wissende Sich-selbst-gleich-
sein in anderen ist – si diis placet – das An-und-
für-sich des Geistes«, sann Hegel eines Tags.
»Mit anderen Worten: Was nicht vernünftig ist,
hat keine Wahrheit, oder was nicht begriffen
ist, ist nicht.«

    »Genau!« rief Schelling, »Fritz gibt und du
hebst ab.«

*

Immer wieder versuchte Hegel seinen Bewun-
derern die schwierige Materie zu erklären, daß
das Wirkliche das Vernünftige sei und umgekehrt. »Alle Wirklichkeit ist nichts anderes als
Vernunft«, schrieb er deshalb auch in die »Phänomenologie« (C/AA/V) und keine 20 Zeilen
später: »Die Vernunft ist die Gewißheit des
Bewußtseins, alle Realität zu sein«. Dann

wieder vereinfacht: »Die Vernunft ist die Gewißheit, alle Realität zu sein.« Und 10 Seiten
später: »Denn die Vernunft ist die Gewißheit,
Realität zu haben.«

Allein, Hegel mochte sich anstrengen wie er
wollte, es mochte und mochte niemand verstehen. Und doch glaubte man es . . .

*

In Heidelberg war es, wo Hegel dann auch
einmal aus der »Phänomenologie des Geistes«
las. Die Spannung war groß. »Denn die Erfah-
rung ist eben dies«, rief Hegel in den Saal, »daß
der Inhalt – und er ist der Geist – *an sich*,
Substanz und also *Gegenstand* des *Bewußtseins* ist.
Diese Substanz aber, die der Geist ist, ist das
Werden seiner zu dem, was er *an sich* ist; und erst
als dies in sich reflektierende Werden ist er an
sich in Wahrheit der *Geist*.«

Die Zuhörer trauten ihren Ohren nicht. So
war das also mit dem Geist! Unglaublich! Erst
als Hegel fortfuhr: »Dies Ich = Ich ist aber die
sich in sich selbst reflektierende Bewegung«,
atmeten sie erlöst auf, und endlich mit dem
Satz »Dieses Entlassen seiner aus der Form seines Selbst ist die höchste Freiheit und Sicherheit

seines Werdens von sich« hatte Hegel natürlich
die Beifallsnicker wieder auf seiner Seite.

*

Wieder einmal brütete Hegel über seiner Philosophie: ». . . Aktion, was dasselbe ist als Reaktion«, schrieb er in die »Phänomenologie«,
»ohne Insichreflektiertsein Irritabilität ist. Die
Reflexion in der Aktion oder Reaktion und die
Aktion oder Reaktion in der Reflexion ist gerade dies, dessen Einheit das Organische aus-
macht, eine Einheit, welche mit der organi-
schen Reproduktion gleichbedeutend ist . . .
Das Wesen des Gottes aber ist die Einheit des
allgemeinen Daseins der Natur und des selbst-
bewußten Geistes«.

Genug für heute, dachte Hegel. Ein Kuß von
seiner Frau war sein Lohn. Dann ging er ein
wenig auf die Gasse.

*

Ein andermal versuchte Hegels Schüler Kuno
Fischer den Lehrer zu foppen. Er wollte wissen,
was eigentlich der Unterschied sei zwischen
Hegels Satz »Alles, was ist, ist vernünftig« und
dem Bibelsatz »Und Gott sah, daß es gut sei«.

81

Doch Hegel hatte aufgepaßt und durchschaute sofort die Finte. »Der eine Satz ist aus der Religion«, beschied er Fischer lächelnd, »und die Religion ist der Seufzer der bedrängten Kultur pardon: Natur. Der andere ist von mir und will sagen: Der Geist, der sich so entwickelt als Geist weiß, ist die Wissenschaft!«

Aber da war Fischer, seines eigenen Scherzes überdrüssig, schon klammheimlich verschwunden.

*

Später hörte auch Karl Marx von Feuerbach diese neue Hegel'sche Definition von Religion. »Ach was!« rief Marx ärgerlich, »gar nicht wahr! Religion ist Opium für das Volk!«

*

Immer wieder kam es vor, daß Hegel, von einem ihm vom Weltgeist zugetragenen Gedanken überrascht, auf seinen einsamen Spaziergängen rund um Heidelberg plötzlich stehenblieb. »Jetzt wird er wieder von einem ihm vom Weltgeist zugetragenen Gedanken überrascht«, flüsterten sich da die Heidelberger Bürger zu, die es halt nicht besser verstanden.

Später, 1829, wurde Hegel zum Rektor von Berlin gewählt. In seiner Antrittsrede ermahnte er die Studenten zum rechten Gebrauch ihrer akademischen Freiheit und warnte sie vor Mißbrauch und Zügellosigkeit.

*

Früher schon einmal, in Heidelberg, kam Hegel einmal stark angetrunken zur Vorlesung auf der Universität. »Das Ganze hier ist doch eine unerträgliche Scheiße!« rief er erbittert. Als Hegel die ungläubigen Mienen der Studenten sah, wußte oder ahnte er, daß er etwas falsch gemacht hatte. »Das Ganze«, probierte er es noch einmal, »ist eine einzige Lüge!« Erste leise Pfiffe wurden laut – und also nahm Hegel einen

letzten Anlauf: »Das Ganze«, einer Eingebung gehorchend senkte Hegel den Ton ins mehr Schmeichlerische und fast Kokette, »ist das Wahre«.

Worauf die Studenten naturgemäß erleichtert aufatmeten.

*

Für die Buchfassung modelte Hegel vorher und wieder etwas vorsichtiger geworden ein wenig um: »Das Wahre ist das Ganze« (»Phänomenologie des Geistes«). Auch nicht schlecht.

Ganz zufrieden war Hegel aber trotzdem noch nicht, so daß er später die mittlere Version herausgab: »Das Ganze ist die Wahrheit«.

*

Trotzdem war gerade dieser Satz dann später heiß umkämpft, nicht zuletzt unter den Schopenhauerianern, die es mehr mit dem Pessimismus hatten und z. B. auf den falschen, nämlich manipulativen Warencharakter der Ware verwiesen. Hegel, in die Enge gedrängt, überlegte in aller Hast ein ganz evident sich anbietendes Wortspiel, überlegte und überlegte – und er würde wohl noch heute überlegen, wenn wir ihn hiermit nicht erlöst hätten: »Sehen Sie, meine Damen und Herren, die Ware bleibt das Wahre!« – oder, um Hegeln etwas draufzuhelfen noch geschliffener: »Das Wahre ist eben ganze Ware!« »Nicht übel«, schmunzelte uns Anekdotensammlern »der Alte von Tschugg«

später lächelnd zu. Erklärung: Hegel arbeitete früher mal als Hauslehrer bei C. F. Steiger von Tschugg bei Bern. (Emil Staiger dagegen arbeitete in Zürich! Anm. d. Verf.)

*

Kurz vor seinem Ableben wurde Hegel auch der Satz »Eigentum ist Diebstahl« untergeschoben. Als Hegel sich das verbat, tippte man vor allem auf Karl (»Religion ist Schnaps für das Volk«) Marx. Später stellte sich heraus, daß auch er es nicht war. Sondern: Fourier.

*

Als Hegel noch Rektor auf dem Ägidiengymnasium in Nürnberg war, war, nach Rosenkranzens trefflichem Aphorismus, »der spekulative Pegasus aus Not vor den Schulkarren gesperrt«. Hegel selbst aber prägte seinerzeit den Aphorismus: »Abstrakt lernt man denken durch abstraktes Denken« (Amtliches Schulgutachten über den Philosophieunterricht, 1812). Später darauf angesprochen, konterte Hegel noch versierter: »Die Wunden des Geistes heilen, ohne daß Narben bleiben.«

*

Wie bekannt, bezeichnete Hegel solche Menschen, deren sich die »List der Vernunft« als Medium bedient, als »Geschäftsführer des Weltgeists«. Als er nun aber dem treuen Niethammer gegenüber in einem Brief den Kaiser Napoleon als »Weltseele« bezeichnete, da kannte sich der Jenaer Gelehrte überhaupt nicht mehr aus und beschwerte sich bei Hegel über die Ungereimtheit, worauf sich Hegel diesen Ton verbat und seinen späteren Biografen dahin beschied, Gott, also der absolute Geist, entlasse sich zwar, laut »Enzyklopädie der philosophischen Wissenschaften« von 1817, in die Natur, sei also objektiver Geist, indessen der Mensch nur subjektiver Geist sei; indessen der Staat, laut »Rechtsphilosophie« von 1821 »die sich wissende sittliche Wirklichkeit des Geistes«, bilde eben als die moderne konstitutive Monarchie mit ihrer Verfassung Abschluß, Vernunft und Sinn der Geschichte, wobei freilich das Vernünftige nun gerade das Geistige – – nein, diese Anekdote ist zu langweilig, als daß wir sie begreifen könnten. Geschweige denn wollten. Geschweige denn Niethammer.

*

Arthur (»Arthur«) Schopenhauer war Hegeln bekanntlich allzeit spinnefeind. Als er 1820 in Berlin lesen sollte, verlegte er deshalb seine Collegia akkurat so, daß sie mit Hegels Hauptvorlesungen kollidieren sollten – dann werde, so Schopenhauer, sich schon erweisen, wer heller im Kopf sei, nämlich die mehreren Studenten anlocke. Indessen, während Hegels Vorlesungen ihre Attraktion vollkommen behaupteten, kam zu Schopenhauer fast niemand, und der alte Pessimist mußte also einsehen, daß sein Optimismus nur zu ungerechtfertigt gewesen war. Tröstete ihn der alte Rektor Schleiermacher, der damals Rektor war: »Arthur, die Philosophie muß sich hüten, erbaulich sein zu wollen!«

Daß dies eine typische Schleiermacher'sche Ranküne war, nämlich ein typisches Hegel-Zitat (aus der Vorrede der »Phänomenologie«), erkannte der junge dumme Schopenhauer nicht und weiß es bis zum heutigen Tag nicht. Requiescat in pace – sagen wir es ihm auch nicht . . .

*

Allein, Schopenhauer hat sich später furchtbar an Hegeln gerächt. Er nannte ihn nämlich u. a.

einen »plumpen, geistlosen Scharlatan« (Über die Grundlage der Moral), einen »Philister« (Parerga und Paralipomena), einen »Philosophaster« (ebd.), einen »Philosophen von größter Widerwärtigkeit« (ebd.), einen »ganz erbärmlichen Scharlatan« (ebd.), eine »bestia trionfante in der deutschen Gelehrtenrepublik« (ebd.), einen »Schandfleck der Nation« und schließlich in seinem Hauptwerk einen »desorganisierten Kopf« und einen »Tumultuanten« (Welt als Wille und Vorstellung); seine Philosophie aber sei »wertlose Afterphilosophie« (Parerga und Paralipomena) und »frech zusammengelogen« (ebd.); und er entlarvte den »Unsinn der Hegelei« (W. a. W. u. V.) und deren »pestilenzialischen Einfluß« (Grundlage der Moral) und machte sich sogar über Hegels »Bierwirtsphysiognomie« her!

Hegel, von Bekannten befragt, ob ihm dergleichen nicht nahegehe, antwortete meist: »Aber wo.«

*

»Und das war wieder mal echt Hegel«, kommentierte Dr. Hinrichs aus Oldenburg den Vorfall später. Erklärung: Hinrichs war seit

Heidelberg Hegels enthusiastischster Schüler und wurde später Althegelianer.

*

Einmal wollte sogar Goethe, seiner konzilianten Natur gemäß, zwischen Hegel und Schopenhauer vermitteln, mit denen er ja beidseits befreundet war, wenn auch nicht sehr, und ein Band stiften. Aber es klappte nicht. Goethes Tod kam dazwischen. Und der Hegels schon vorher.

*

Ein andermal wieder stritten sich mehrere Hegelianer über den Unterschied dessen und darum, was Schopenhauer als »Ding an sich« anspreche, Hegel aber als »Ding überhaupt«, und sie wußten nicht recht, wie sie es anstellen und recht behalten sollten. »Das ist ganz einfach!« rief endlich einer ganz zart, »Schopenhauer versteht unter dem ›Ding an sich‹ den ›Willen‹, in contrario zu der ›Erscheinung‹, i. e. ›Objekt‹, siehe ›Welt als Wille und Vorstellung‹, Band 1 – nach Hegel hinwiederum korreliert das ›Ding überhaupt‹, siehe Kapitel ›Das absolute Wissen‹ in der ›Phänomenologie des Geistes‹, nebenbei ein sehr lesenswertes Buch, dem ›unmittelbaren Bewußtsein‹, welches teils ein ›Fürsichsein‹ ist. Es ist ›als Ganzes‹, schreibt Hegel, ›der Schluß oder die Bewegung des Allgemeinen durch die Bestimmung zur Einzelheit, wie die umgekehrte, von der Einzelheit durch sie als aufgehobene oder die Bestimmung zu Allgemeinen.‹«

Die anwesenden Hegelianer staunten nicht schlecht Bauklötze. Erst viel später stellte sich heraus, daß der junge Teddy Adorno wieder einmal unnachahmlich zugelangt hatte.

*

In Heidelberg war es, da spielten Hegel, Georg Friedrich Creuzer und Jean Paul einmal Skat. Der junge Marx wollte ein wenig kibitzen, allein Georg Wilhelm Friedrich Hegel ließ es nicht zu, sondern beschied den jungen Feuerkopf dahingehend, der Weltgeist lasse sich erst »post festum in die Karten gucken«. Marx, der nicht recht Latein konnte, fragte Hegel, wie er das meine. Das hätte er besser nicht tun sollen. »Junger Freund«, hob Hegel an, während Jean Paul sich schon wieder nachgoß und Georg Friedrich (»Der Blödl von Heidelberg«) Creuzer wohl zum dreißigsten Male hintereinander mischte, so daß er nie zum Ausspielen kam und deshalb entsprechend viel verlor, »junger Freund, wenn die Philosophie ihr Grau in Grau malt, dann ist eine Gestalt des Lebens alt geworden« (belustigt blinzelte Hegel hier auf Creuzer hin, doch Jean Paul, besoffen, bekam es nicht mit), »und mit Grau in Grau läßt sie sich nicht verjüngen, sondern nur erkennen; denn die Eule der Minerva beginnt erst in der Dämmerung ihren Flug, klar?« vollendete Hegel unter Creuzers Gekichere (dumm) und Jean Pauls Gewiehere (schwer besoffen), »mit anderen Worten: lassen Sie das. Bei mir sehen Sie nichts mehr, und wenn Sie sich auf den Kopf stellen!«

Ergrimmt, ja beleidigt schlich Marx sich vom Tisch weg und vertraute auf dem Heimweg Engels an, die groteske Felsenmelodie von Hegels Dialektik behage ihm sowieso nicht, und man müsse umgekehrt ihn, Hegel, auf den Kopf stellen!

Daraus ging dann später der Marxismus und aus diesem der Sozialismus und später der Kommunismus hervor (Lenin, Breschnew u. a.) Und wer um diesen weiß, der weiß, um wer-

Der junge Marx wollte ein wenig kiebitzen

weiß wieviele … jedenfalls sahnte Hegel an
diesem Abend noch ganz schön ab, besonders
bei Jean (»schwerst besoffen«) Paul.

*

Einen Fehler allerdings hatte Hegel, schon auf
dem Gymnasium in Nürnberg, wo er Rektor
war. Er konnte nicht richtig Gymnasium

sagen, sondern immer nur Ginasium. Das zweite »m« klappte, das erste nicht.

*

Der Sinn von Hegels »Wissenschaft der Logik« (1812) ist es bekanntlich, »die Gedanken Gottes vor der Schöpfung« aufzuzeigen. Schön gesagt. »Schöner«, so Friedrich Gottlieb Klopstock zu Beginn seines Gedichts »Der Zürcher See«, »ein froh Gesicht, das den großen Gedanken Deiner Schöpfung noch einmal denkt.«

*

Am 16. 10. 1827 war Hegel einmal bei Goethe in Weimar. Goethe schätzte Hegel persönlich sehr, auch wenn einige seiner Philosophie entsprossene Früchte ihm nicht sonderlich munden mochten. Goethe gab Hegel zu Ehren diesen Abend einen Tee, wobei auch Eckermann gegenwärtig und Zelter, der aber noch diese Nacht wieder abzureisen im Sinn hatte.

Sodann wandte sich das Gespräch auf das Wesen der Dialektik. »Es ist im Grunde nichts weiter«, sagte Hegel, »als der geregelte, methodisch ausgebildete Widerspruchsgeist, der je-

94

dem Menschen innewohnt, und welche Gabe sich als groß erweiset in der Unterscheidung des Wahren und Falschen.«

»Wenn nur«, fiel Goethe ein, »solche geistigen Künste und Gewandtheiten nicht häufig gemißbraucht und dazu verwendet würden, um das Falsche wahr und das Wahre falsch zu machen!«

»Dergleichen geschieht wohl«, erwiderte Hegel, »aber nur von Leuten, die geistig krank sind.«

»Da lobe ich mir«, sagte Goethe, »das Studium der Natur, das eine solche Krankheit nicht aufkommen läßt! Denn hier haben wir es mit dem unendlich und ewig Wahren zu tun, das jeden, der nicht durchaus rein und ehrlich bei Beobachtung und Behandlung seines Gegenstandes verfährt, sogleich als unzulänglich verwirft. Auch bin ich gewiß, daß mancher dialektisch Kranke im Studium der Natur eine wohltätige Heilung finden könnte.«

Alle Anwesenden waren noch im besten Gespräch und in der heitersten Unterhaltung, als Zelter aufstand und, ohne ein Wort zu sagen, hinausging. Alle wußten, es tat ihm leid, von Goethen Abschied zu nehmen, und daß er diesen zarten Ausgang wähle, um über einen schmerzlichen Moment hinwegzukommen.

*

Um so größere Freude hatte Hegel mit einer Widmung, die ihm Goethe schon 1817 zusammen mit einem Trinkglas zukommen ließ, nachdem Hegel damals Goethen gegen Newton die Stange gehalten hatte: »Dem Absoluten empfiehlt sich schönstens zur freundlichen Annahme das Urphänomen«. Hegel freute sich jedenfalls sehr.

*

Als Hegel 41jährig (!) 1811 Marie von Tucher aus Nürnberg heiratete, erhob sich so mancher Spott und Unmut dahingehend, das hätte es auch nicht gebraucht. Hegel schwieg lange, wurde sogar Professor in Heidelberg und Berlin, sammelte weiter alles Material und parierte die Vorwürfe endlich in der Religionsphilosophie von 1821: »Die Philosophie ist ein abgesondertes Heiligtum, und ihre Diener bilden einen isolierten Priesterstand, der mit der Welt nicht zusammengehen darf und das Besitztum der Wahrheit zu hüten hat. Darum hat es es eben schon gebraucht und darum habe ich Marie von Tucher geheiratet.«

Diese Antwort soll nicht einmal Fichte verstanden haben, »und das will was heißen« (Schelling an F. Hölderlin).

*

Auf der anderen Seite kam es einmal zu einem Wettbewerb zwischen Goethe, Mörike und Hegel. Jeder, so die Regel, sollte irgend etwas möglichst Schönes über das »Schöne« sagen. Wer die schönste Lösung hätte, dürfte usw. –

– jedenfalls legte Mörike erst mal ein sattes »Was aber schön ist, selig scheint es in ihm selbst« vor, was aber Hegel mit einem scharfen »Das Schöne bestimmt sich durch das sinnliche Scheinen der Idee« mühelos zu parieren vermochte. Indessen, er hatte nicht mit »Altmeister« J. W. v. Goethe gerechnet, dem mit einem »Das Schöne ist sich selber selig« wieder einmal niemand das Wasser reichen konnte, sondern als Preis reichte ihm Marianne von Willemer ein schönes Stück Speck usf. –

– Hegel aber hat dem Weimarer den Streich trotz aller Freundschaft nie vergessen und – schlug zurück. Kurzentschlossen verlegte er

seinen Geburtstag auf den 27. 8., einen Tag
also vor den 28. 8. des »Olympiers«. Was immer das heißen sollte – aber soviel immerhin,
daß wenigstens die dümmsten Hegelianer
(Creuzer!) was zu feiern hatten. Sie taten es
auch, und gar nicht dumm: nämlich am 27. *und*
28. 8. Und oft noch weit in den Winter hinein.

*

Im Jenaer »Atheismusstreit« um Fichte (ca.
1800) hielt Hegel sich sehr zurück. Seinem »geselligen Wesen« (Franz Wiedmann) getreu sowie seiner festen Überzeugung, daß der Staat
die Wirklichkeit der sittlichen Idee bzw. an
und für sich das sittliche Ganze sei, wollte er es
mit niemand verderben. Als dann freilich die
Franzosen kamen, mußte er, das Manuskript
der »Phänomenologie« unterm Arm, schnell
fliehen. Später unterrichtete er in Nürnberg,
vor allem die Philosophie, aber auch Grie-
chisch und die Integralrechnung. Er konnte
eben praktisch alles. Er war gegen das Taback-
rauchen, aber für das Tabackschnupfen.

*

Hui, wie sich da Hegel freute! Eines Tags, anläßlich des Todes seines Vaters, erbte er am

15. 1. 1799 kurz vor der Wende des Saeculums insgesamt 3154 Gulden, 24 Kreuzer und 4 Pfennige. Er fühlte sich »ehrlich gesagt sauwohl«. Vor allem die 4 Pfennig hatten es ihm angetan. Vom »Geist des wohltuenden Reichtums«, von »der Weltgeschichte« als »dem Fortschritt des Bewußtseins in Freiheit« schwärmte er noch 21 Jahre später in seinen Vorlesungen . . .

*

Etwas düsterer sah es Hegel im Jahr darauf: »Die Weltgeschichte ist nicht der Boden des Glücks. Die Perioden des Glücks sind leere Blätter in ihr.«

Sein alter Jenenser Freund Niethammer war es, der Hegel auf den Widerspruch aufmerksam machte. Hegel stutzte, überlegte, erkannte selbst die Ungereimtheit – und konterte endlich geistesgegenwärtig: »Das reine Sein und das reine Nichts ist dasselbe«.

»Sind!« besserte Niethammer.

»Wer? Was ist?« begehrte Hegel auf.

»Sind dasselbe«, sagte Niethammer lauernd.

»Sind oder ist – ist dasselbe!« schrie Hegel.

»Brav!« freute sich Niethammer und zündete sich warm lächelnd sein Pfeifchen an. Das mit dem reinen Sein und reinen Nichts gefiel ihm. Dagegen hätte der alte Freund, der ja selber die Philosophie lehrte, die gleichfalls naheliegende Bauernregel »Die Weltgeschichte geht von Osten nach Westen, denn Europa ist schlechthin das Ende der Weltgeschichte, Asien der Anfang« nicht toleriert.

*

Nachdem Hegel um 1820 herum den inoffiziellen Titel »Professor der Professoren« erhalten hatte, wurde er 1829 auch gleich noch Rektor. Von wem? Von der Universität Berlin von damals.

*

»Wie halten wir es mit der Hegelschen Dialektik und Philosophie?« frug der junge Karl (»Religion ist Fußball für das Volk«) Marx 1844. Niemand wußte es. Auch Hegel nicht. Er war schon tod. Pardon: tot.

*

Woraus wiederum F. Nietzsche später das Wortspiel bastelte: »Gott ist Gott, pardon: tot«.

Ganz Deutschland kam aus dem Lachen nicht mehr heraus (»Wie denn, Gott soll tot sein? Daß ich nicht lache!«) – nur der törichte Richard Wagner verstand wieder mal alles falsch und machte eine Oper daraus. Und nicht einmal die stimmte: Götterbuttsein oder so ähnlich.

*

Jedenfalls: jetzt kam ganz Deutschland hundert Jahre aus dem Weinen nicht mehr heraus; bis endlich der noch törichtigere Hans (»Küng«) Kingkong das Land auch daraus erlöste: »Gott lebt!« behauptete er, notabene nicht nur am Stammtisch oder in seiner Wohnung mit drei alten Küchenschaben als Zeugen, sondern zwischen bedruckten Buchdeckeln. Verständlich, daß es da mit Hegels Wunsch nach einem binnengeschichtlichen »Fortschritt im Bewußtsein der Freiheit« noch weniger weit her war als so. D. h. als so schon (nicht).

*

1821. Noch herrscht Friede in Berlin, aber Hegel seinerseits muß sich immer wieder den Vorwurf gefallen lassen, der Kernsatz seiner

Rechtsphilosophie »Was wirklich ist, das ist vernünftig« sei schlimmster Quietismus, spreche das Bestehende heilig, sei zynischste Reaktionsdoctrin, segne noch die ärgsten Übel der Geschichte ab. Endlich, 1827, entschloß sich Hegel in seiner Enzyklopädie zu einer Gegenattacke: So wie er (Hegel) das Wirkliche verstehe, sei es eben nicht nur das Wirkliche, nämlich Empirische, sondern »die mit dem Begriff der Vernunft identische Existenz«.

»So wäre denn also«, kratzte sich Schleiermacher am Kinn, »das Vernünftige in diesem Sinn die – warten Sie – ja, jawohl: die Vernunft wäre dann die mit dem Begriff der Vernunft identische Existenz!«

»Genau«, sagte Hegel.

»Ja, wenn das so ist«, Schleiermacher kratzte sich nun auch in der Sackgegend herum, »dann – ja, dann können wir den Satz von 1821 in dieser Version – ja doch sehr gut durchgehen lassen!«

Und so geschah's denn auch.

*

Klagen über die Unverständlichkeit seiner Berliner Vorlesungen, vorgebracht vor allem von den dummen Majoren und Obristen unter den Studenten, beschied Hegel dagegen am liebsten knapp: »Dafür haben wir unsere verdammte Preßfreiheit!«

Man kann auch sagen: Solche Klagen ließen Hegeln die meiste Zeit kalt.

*

Auf der berühmten Lithografie von Kugler, die Hegel bei der Vorlesung in Berlin zeigt, sieht man vor dem Lesepult auch einen nach oben offenen Zylinder. Er gehörte Hegels Lieblingsschüler Hotho. Jahrhundertelang wurde dieser Zylinder als »wie eine Reverenz vor der Philosophie« gedeutet. Erst jetzt kam raus, daß Hegel – unbeschadet seiner 2000 Thlr. pr. Cour. Gehalt – auch noch Geld hineingetan wissen wollte, von keinem geringeren als den Studenten . . .

*

Schon in Jena aber hatte Hegel zusammen mit Christiane Charlotte Burkhardt, der Frau seines Hausherrn, einen unehelichen Sohn gezeugt (1807), Ludwig der Name. Als der Ehemann später starb, versprach G. W. F. Hegel der Frau die Ehe, vergaß dies aber und heiratete, wie berichtet, Marie von Tucher. Eines Tags tauchte Ludwigs Mutter in Nürnberg auf und verlangte »in gemeinster, niedrigster Weise« (Rahel von Varnhagen, geb. Ense) eine Abfindung. Marie aber nahm Ludwig dafür ins Haus. Der Knabe wurde scheu, verschlossen und durchtrieben. Später kam er zu einem Kaufmann nach Stuttgart in die Lehre, veruntreute dort aber 8 Groschen. Er mußte deshalb fortan den Namen Fischer tragen, Hegel kaufte ihm ein Offizierspatent im holländischen Kolonialdienst, und am 28. 8. 1831 verstarb Ludwig Fischer in Djakarta an den Folgen eines febris inflammatoria. Am 28. 8. ist, wie gehört, der Geburtstag Goethes, am 27. 8. der Geburtstag Hegels, 1831 beinahe das Todesjahr Goethes, aber akkurat das Todesjahr Hegels.

*

Ein besonderer Liebling Hegels in späteren Jahren war der Professor Gans. Dieser paßte allerdings oft beim Whist nicht auf und geriet dann rasch in die Mühlen des Hegel'schen Spotts: »Da schwätzt er und schwätzt und gibt nicht Acht!« pflegte Hegel oft heiter

scheltend zu rufen. Aber es war nicht so ernst
gemeint.

*

Obwohl Hegel (der nach einem späteren Urteil
von Feuerbach »viel zu viel spekuliert hat«) in
seiner »Religionsphilosophie« die »christliche
Religion als die höchste Entwicklungsstufe der
Religion überhaupt« gefeiert hat, war er doch
gegen die katholische Abendmahlslehre einge-
stellt, in Sonderheit gegen das Dogma der
Transsubstantiation. In diesem Punkt konnte
er ganz wild werden und griff oft zu den wilde-
sten Ausfällen: Wenn eine Maus, so Hegel, die
konsekrierte Hostie aufgefressen habe, dann
berge sie also den wahren Leib Unseres Herrn
im Leibe, jeder Katholik müsse also vor dieser
Maus niederknien und sie anbeten – daß er,
Hegel, nicht lache!

Dies hörte aber auch der Kaplan der St.
Hedwigs-Kathedrale, der regelmäßig Hegels
Vorlesungen besuchte, und beschwerte sich
also beim Kultusministerium wegen Verun-
glimpfung. Trotzdem kam der Gimpel glimpf-
lich davon. Als er zur nächsten Vorlesung erschien, mußte er nur unter dem Scharren der

Studenten den Hörsaal verlassen, sonst passierte nichts.

Am heftigsten scharrten Hegels Lieblingsschüler Hotho sowie die Majore und Obristen.

*

Auf der anderen Seite kam es natürlich vor, daß z. B. 1822 dem Privatdozenten Eduard Beneke »auf Wunsch und Veranlassung Hegels« die Venia legendi entzogen wurde. Der Hintergrund: Beneke galt als Gegner Hegels . . .

*

Nicht unbeträchtlich war der Weinkonsum im Hause Hegel. Waren es in den ersten Berliner Jahren noch alle drei Tage etliche Boutillen, die angeschafft wurden, so ließ Hegel den Wein bald quart- und schließlich faßweise kommen, das Faß zu 50 Quart. Er hatte eben immer Freude am geselligen Leben, machte den allgemeinen Cicisbeo und spielte auch regelmäßig in der staatlichen (sic!) Lotterie. Auf der anderen Seite hatte der Mann etwas Ätzendes, Kaustisches auch – und drittens und schließlich und endlich fehlte ihm ganz das eigenthümlich Coquette des Berliners (so Karl Rosenkranz) – der schwäbische Dialekt war ihm zudem verblieben.

*

Einmal, als Hegel wieder zuviel Wein in sich gepfiffen hatte, mußte er pissen. Da fiel ihm auf, daß das »Organ der Zeugung« und das »Organ des Pissens« identisch seien.

Nicht faul, machte sich Hegel auch diesen Fund für seine »Phänomenologie des Geistes« zunutze: »Das in der Vorstellung bleibende Bewußtsein verhält sich als Pissen.«

*

Am liebsten las Hegel ab 1821 Naturrecht, Staatswissenschaft, Philosophie, Rechtsphilosophie und Religionswissenschaft. Weniger gern Ästhetik.

*

Ein Kapitel für sich ist Hegels Beziehung zu Schelling. Einerseits kannte man sich noch vom Tübinger Stift her, andererseits reagierte Schelling 1807 auf die Übersendung der »Phänomenologie« durch Hegel sehr zweischneidig dergestalt, Hegeln mitzuteilen, er habe bis jetzt nur die Vorrede gelesen (!). Später ließ man sich noch gelegentlich durch Dritte Grüße bestellen, dabei blieb es. 1841 wurde Schelling Nachfolger Hegels in Berlin und lehrte jetzt dort auch. Aber schon am 3. 9. 1829 (zwei Jahre vor Hegels Tod) hatte Schelling aus Karlsbad seiner Frau geschrieben: »Stell dir vor, gestern sitz' ich im Bade, höre eine etwas unangenehme, halb bekannte Stimme . . . es war Hegel aus Berlin.« Naja.

hier badet Schelling

Was aber das betrifft: Oft schien Hegel sehr empressiert, oft ließ er es auch langsamer angehen. Zum Beispiel verhielt es sich so in einem Brief an die Frau vom 29. August 1826. Zuerst schildert er lang und breit die Aufmärsche in Berlin anläßlich seiner 56. Geburtstagsfeier, den ganzen Schamott rund um die Förster, Gans, Rösel, Hotho, Zelter und die anderen alten Zauseln von der Singakademie – da plötzlich – Marie Hegel ist schon am Einnicken – »eine Geschäftskonferenz, während welcher ein Visite sich bei mir einfand, – wer meinst du?« Marie Hegel weiß es nicht, ist aber wieder hellwach, die Spannung steigt auf den Siedepunkt – »Se. Excellenz Herr Geh. Rat« – Goethe? Goethe? Goethe? jagt es durch Maries fränkisches Blut, endlich Goethe, der unsterbliche Goe –?

– »von Kamptz«, vollendet Hegel und läßt seine Frau abermals abblitzen und ins Leere laufen. So legte er sie oft und oft herein . . .

*

Diese Anekdote wird um so hinterhältiger, wenn man bedenkt, daß (vgl. v.) ja tatsächlich am nächsten Tag auch Goethe Geburtstag usw. gehabt hätte bzw. hatte usw. usf.

*

Später wurde dann auch behauptet, Hegel sei gar kein Hegelianer gewesen. Vgl. Leserbrief von Dr. phil. Hans Karl Fritzsche, Bad Godesberg, März 1982, an die Herausgeber der Frankfurter Allgemeinen Zeitung. Aber das ist natürlich Unfug. Selbstverständlich war Hegel auch – auch! – Hegelianer! Sonst gibt es ja gar keinen Sinn mehr! Da stimmt doch die ganze Richtung nicht mehr!

*

Woher der Name »Hegel«? Es ist dies eine etwas komplizierte und schwerblütige Geschichte. Schon zeit seiner Lesungen in Jena hatte Hegel die Angewohnheit, bei schwierigen Stellen und Hypothesen stark mit den Armen zu rudern und zu »hecheln«, wie es die Studenten nannten. Durch die dritte Lautverschiebung wurde »hegeln« draus. Daraus auch schließlich und endlich der Name »Hegel«.

*

Trotz allen beginnenden Weltruhms: Ganz war es Hegeln nie in seiner Haut zufrieden und wohl. »Ach!« seufzte er wohl hie und da auf, »das waren noch Zeiten, als ich am 27. 8. 1770 – 1770! – als Sohn des Rentkammersekretärs und späteren Expeditionsrates Georg Ludwig Hegel und seiner Ehefrau Maria Magdalena, geborene Fromm, in Stuttgart – Stuttgart! – geboren wurde! Rentkammersekretär! Geborene Fromm! 27.! 3 hoch 3! Unglaublich!«

*

»Das Leben Gottes«, schrieb Hegel eines Tages in die Vorrede der Phänomenologie, »und das göttliche Erkennen mag also wohl als ein Spielen der Liebe mit sich selbst ausgesprochen werden.« Da erschrak Hegel schlagartig über die undialektische Theodizee dieser Ansicht – und also setzte er sofort verbessernd nach: »Diese Idee sinkt zur Erbaulichkeit und selbst zur Fadheit herab, wenn der Ernst, der Schmerz, die Geduld und die Arbeit am Negativen fehlt.«

Und Hegel, nicht faul, lieferte auch gleich stante pede (nana, gehockt wird er die meiste Zeit schon sein) das beste Beispiel und arbeitete zum Beispiel im folgenden Buch so stark am Negativen herum, daß selbst ein so bestwilliger Präservativ pardon: Präsident wie Karl Carstens keinen rechten Geschmack mehr daran finden konnte. Eher schon Walter Scheel. Wenn er nicht dauernd unernst, lustig, ungeduldig, positiv und arbeitslos sein müßte. Und lesen könnte. Kann er aber nicht. Woher denn auch.

*

Gut lachen hatte Hegel 1807. Keine 18 Jahre nach seiner Ernennung zum Magister wurde er schon zum Redakteur der »Bamberger Zeitung« ernannt. Sondern 17.

*

Übrigens: Wenn man den Hegel'schen Begriff »Fürsichsein« etwas unscharf liest, liest er sich wie »Führerschein«. Nun, das ist eben die Dialektik, das Wesen jener »ruhelosen Begriffe, die nur sind, ihr Gegenteil an sich selbst zu sein und ihre Ruhe im Ganzen zu haben« (Phänomenologie des Geistes, CC).

Jaja, seine Ruhe wollte er jetzt immer öfter haben, der alte Hegel, »die Negativität des

Denkens« (a.a.O.) ging ihm immer mehr auf den Geist (Entropie).

*

Obwohl Hegel 1818 in Berlin Nachfolger Fichtes wurde, wurde er endlich 1831 auf dem Dorotheenstädter Friedhof in Berlin neben Fichte beigesetzt. Ja, neben Fichte, dieser etwas später. Überhaupt Fichte: ein eigenes, ein ganz eigenes Kapitel . . .

*

Schon gegen 1805 teilte Hegel mit, daß das Wissen nur als Wissenschaft wirklich ist. Kein Mensch kümmerte sich vorerst darum, auf der »Schädelstätte des absoluten Geistes« (Hegel), wird ja allerhand zusammengeredet – und dann, um 1819 herum, war es schon zu spät.

*

Denn schon 1820 wurde Hegel, noch ehe der Hahn dreimal krähte, zum (aufgepaßt:) Ordentlichen Mitglied der Königlich-Wissenschaftlichen Prüfungskommission der Provinz Brandenburg ernannt. Und, weil's so schön war, jetzt nochmals und alle Wörter groß: Zum

113

Ordentlichen Mitglied Der Königlich-Wissenschaftlichen Prüfungs-Kommission Der Provinz Branden-Burg Er-Nannt!

In der Folge allerdings: Differenzen mit
Schleiermacher . . . erhebliche Differenzen . . .
gar nicht so leicht geradezubiegen . . .

*

»Das Geistige ist allein das Wirkliche«, verkün-
dete Hegel immer wieder auf dem Katheder.
Und: »Der Geist ist dies, das Wirkliche zu
sein.« Was Wunder, daß man die ganze Richtung später »Idealismus« nannte.

*

»Gott *ist* so *da*, wie er *an sich* ist. Er ist da, als
Geist« (Phänomenologie des Geistes).

Sage und schreibe.

*

Einmal, gleichfalls in Berlin, versuchten Feinde
wie Schopenhauer Hegel auch den Satz »Wer
jetzt kein Haus hat, baut sich keines mehr«
anzudichten. Die Absicht war klar: es galt der
Entlarvung Hegels. Allein, dieser hatte erneut
aufgepaßt und konterte 1. mit der Bemerkung

»Der Inhalt der christlichen Religion fällt ganz und gar zusammen mit dem Inhalt der wahren Philosophie« und ließ es sich 2. gesagt sein und erwarb das Haus am Kupfergraben Nr. 4. Zwei Jahre später reiste Hegel nach Brüssel und in die Niederlande, kurz darauf über Prag nach Wien.

*

Dank Hegels »wohlbekanntem immer heiteren Sinn« (F. Hölderlin) gelang es Hölderlin schon Jahrzehnte vorher, Hegel nach Frankfurt zu verpflichten, und zwar zur Familie Gogel, als Hauslehrer, 1897. Breitlaubige Linden voll Bienengesurrs umgaben da oft den Philosophen, ach, wer da . . .

*

»Das *Selbst* ist ebensowohl ein *unmittelbares*, als die *Unmittelbarkeit Selbst* ist« (Phänomenologie des Geistes). Denn siehe: »Wir haben allerhand Rumor im Kopfe und auf dem Kopfe« (Hegel).

*

Als Hegel schließlich am 14. 11. 1831 überraschend starb, war die Überraschung groß.

115

»Was doch die Menschen für Lumpe sind«
(Goethe); »So früh!« (G. Büchner); »Sie, das
hätt's aber auch nicht gebraucht« (Schleiermacher zum reifen F. W. Bernstein). Ja nun, tot
ist eben tot.

*

Fast tragisch ist aber Hegels Ende zu nennen.
Ausgerechnet sein Lieblingsschüler, der Prof.
Gans, gab ihm noch einmal Grund zum Zorn,
ja praktisch den Todesstoß. Gans hatte Hegels
Vorlesungen auf dem Schwarzen Brett der
Universität empfohlen – das habe er nicht nö-
tig! schrie Hegel auf und forderte eine Entfrem-
dung pardon: Entfernung des »mich kom-
primittierenden Anschlags«. Er, Hegel, schrie
Hegel weiter, wisse nicht, wie er dazu komme,

von Gans empfohlen zu werden. Das waren auch schon seine fast letzten Worte. Gleich darauf warf es Hegel aufs Krankenlager (Cholera), vier Tage später holte ihn die »Furie des Verschwindens« (Phänomenologie) heim und die deutsche philosophische Idealistik brach definitiv zusammen. Bald erfolgte die Spaltung Hegels in Althegelianer und Neuhegelianer und als Sieger ging schließlich Karl (»Schnaps ist Fußball fürs Volk«) Marx hervor, der sogar ein wenig Hegel gelesen hatte, wenn auch nicht viel usw.

Prof. Gans macht Hegel ein Ende —

Werfen wir aber einen letzten Blick zurück auf
Hegels aktive Zeit. Um den Studenten den
Unterschied zwischen dem egoistischen Bour-
geois und dem sittlichen Citoyen begreiflich zu
machen, erklärte es ihnen Hegel um 1829
herum meist so, das Citoyen (sprich: Sittojöh!)
komme eben vom Sitt-lichen. Bzw. sei etymolo-
gisch gleich oder so ähnlich. Oder jedenfalls
schon das Phonetische komme hier einer »List

der Vernunft« gleich, jedenfalls für die Dümmsten der Dummen. Mit diesem Trick kapierten es schließlich auch die Dümmsten der Dummen (die Majore und Obristen), sie waren es zufrieden und gingen dann wieder heim.

*

Dagegen hat das »Bourgeoise«, so Hegel auf Nachfrage hin, nichts mit dem »Burschenhaften« = Unreifen zu tun. Oder jedenfalls kaum.

*

Einmal hielt Hegel in Berlin wieder einmal eine Vorlesung und sagte dabei auch: »Am Ende verwirklicht sich das Selbstbewußtsein Gottes im Menschen.«

Allein, die Studenten (und allen voran wieder die Majore und Obristen) waren es abermals zufrieden. Sie waren überhaupt mit allem zufrieden. Und gingen dann wieder heim.

SCHACH-ANEKDOTEN
UND VERWANDTES

Noch jenseits des der Ärzte, Jäger und Bauinge-
nieure scheint der Humor der Schachspieler der
konkurrenzlos einfältigste zu sein; mit deutlichem
Hang zum Regressiven hin, mit starkem aber auch
zur Metaphysik und zu einer entschlossenen Entro-
pie. Nutzlos wäre, die authentischen Anekdoten
durch fiktive bessern zu wollen – die originalen
Quellen sind absolut unschlagbar.   (E. H.)

Während der XV. Schach-Olympiade in
Warna 1962 saßen Wolfgang Unzicker, Dr.
Machgielis Euwe und Paul Keres in der Halle
des Hotels Astoria. Als der Exweltmeister von
seiner Schachlaufbahn erzählte, erwähnte er
seine berühmte Gewinnpartie mit Dr. Aljechin
in Zürich 1934, in der er den Weltmeister durch
ein überraschendes Springeropfer überlistete.
»Als ich«, so erzählte der holländische Großmeister, »den Springer opferte, hat sich Aljechin die Jacke ausgezogen.« Darauf Keres:
»Wenn du die Dame geopfert hättest, hätte er
sich wahrscheinlich die Hosen ausgezogen.«

Nicht nur Professoren, sondern auch Schachspieler sind mitunter zerstreut, vor allem, wenn
sie am Zuge sind. In der zweiten Runde des
Schweizerischen Schachkongresses zu Balgach
1960 bezahlte ein Spieler seinen Kaffee mit
einem Zweifränkler. Die Serviererin gibt richtig heraus – und der in Gedanken versunkene
Spieler wirft das Wechselgeld statt des Zuckers
in den Kaffee!

Der Bremer Meister Carl Carls war dafür bekannt, daß er als Weißer stets nur mit c2–c4
eröffnete. Im Bad Oeynhausener Turnier 1922
hatte er als Anziehender mit dem Berliner Walter Schlage zu spielen. Eiligen Schrittes betrat
er den Turniersaal, nahm an seinem Brett

Platz, zückte den Bleistift und ergriff den c-Bauern, um ihn die bewußten zwei Schritte voranzurücken. Vergeblich, der Bauer war nicht zu bewegen, seinen Platz zu verlassen: Ein Witzbold unter den Turnierteilnehmern hatte ihn festgeleimt.

*

In einem New Yorker Turnier hatte Reuben Fine seine Partie nach interessantem Verlauf gewonnen. Während sein Gegner verschwand, betrachtete Fine die übrigen Partien. Er schlenderte von Brett zu Brett und vertiefte sich zuweilen in die Stellungen. Da flüsterte ihm einer ins Ohr: »Sie sind am Zuge!« Automatisch begab sich Fine zu seinem Platz zurück und begann zu grübeln. Erst nach längerem Nachdenken kam er zu dem Ergebnis, daß er die Partie ja schon vor einer Stunde gewonnen hatte.

*

Der österreichische Großmeister Rudolf Spielmann war ein starker Angriffsspieler. Besonders bei Simultanspielen pflegte er mit den schwächeren Gegnern nicht viel Federlesens zu machen, sondern sie nach mehreren Opferwendungen schnell mattzusetzen. Leider war Spielmann klein und hatte nur kurze Arme, so daß es ihm manchmal direkt Mühe machte, über das ganze Brett zu langen. Als er einmal in einer Simultanpartie nach einem hübschen Läuferopfer auf h5 gewonnen hatte und ein Kiebitz bemerkte: »Sehr schön, aber wenn sie den Läufer auf h7 geopfert hätten, wäre der Gegner noch schneller matt gewesen«, antwortete Spielmann: »Ich weiß, ich weiß – aber bis nach h7 konnte ich nicht hinlangen, da mußte ich eben den Läufer auf h5 opfern.«

Großmeister Efim Bogoljubow fragte am De-monstrationsbrett einen Zuhörer, was er in dieser Stellung ziehen würde. Dieser nannte einen Zug. »Verkehrt«, sagte Bogoljubow, »denn es folgt das und das.« Zu einem zweiten gewandt: »Was würden Sie ziehen?« Er machte einen anderen Vorschlag. Bogoljubow: »Bravo, bravo – auch verkehrt!«

*

Im 15. Trebisch-Turnier in Wien 1932 spielten Esra Glass und Erich Eliskases eine interessante Partie. Als Glass im 58. Zuge verloren war, schloß er die Partieaufzeichnung mit dem Satz: »Ungern aufgegeben!«

*

Bernhard Kagan, ein Berliner Schachoriginal, pflegte seine Schüler zu fragen: »Was würden Sie tun, wenn Sie die Wahl hätten, entweder die gegnerische Dame zu gewinnen oder matt zu setzen?« Antworteten sie erwartungsgemäß: ». . . die Dame wegnehmen!«, so lobte Kagan sie anerkennend: »Recht so. Denn matt setzen können Sie dann immer noch!«

*

Bei der US-Meisterschaft 1957/58 gewann James T. Sherwin in den ersten Runden alle Partien. Samuel Reshevsky, der es ihm gleichtat, sagte zu ihm: »Sehen Sie, niemand kann Sie schlagen. Nun muß ich Sie selbst stoppen!« – »Könnte sein«, erwiderte Sherwin, »aber vielleicht stoppe ich auch Sie!« – »Nicht in einer Million Jahren!«, war Reshevskys charakteristische Antwort. Zwei Runden später gewann Sherwin auch gegen Reshevsky. Und sagte: »Wie doch die Zeit vergeht!«

Dr. Ossip Bernstein, auf die Frage eines Freundes, warum er eine völlig ausgeglichene Partie

nicht remis gebe: »Remis geben? Aber warum
– ist denn damit schon jemals eine Partie gewonnen worden?«

*

Wilhelm Steinitz, als er vor einem großen internationalen Turnier nach seinen Chancen gefragt wurde: »Ich habe einen Vorteil vor der
Konkurrenz: Alle müssen sie mit Steinitz spielen, aber ich nicht!«

*

Michail I. Tschigorin während eines Turniers:
»Wenn ich Weiß habe, so gewinne ich, weil ich
Weiß habe; wenn ich aber Schwarz habe, so
gewinne ich, weil ich – Tschigorin bin!«

(aus: Deutsche Schachblätter)

*

Eine Zeitung brachte die Nachricht, daß Gligoric in seiner Partie mit Petrosjan Remis an-
geboten hat, das aber Petrosjan ablehnte. Als
man Petrosjan danach fragte, bestritt er es;
Gligoric aber bestätigte, daß er tatsächlich ein
solches Angebot machte. Es stellte sich heraus,
daß Petrosjan, der sehr schwerhörig ist, das

Angebot nicht hörte! Petrosjan hat dann die Partie verloren und dieser Punkt kann ihn eventuell den ersten Preis kosten. (Der Verlauf des Kandidatenturniers 1959.)

*

Einige jugoslawische Firmen verehrten den Großmeistern, die an dem Schach-Kandidaten-Turnier teilnahmen, als Anerkennung eine Auswahl ihrer Erzeugnisse. Das tat auch die Seifenfabrik »Merina« aus Serbien. Die Schachspieler freuten sich über das duftende Geschenk und bedankten sich herzlich, mit Ausnahme von Fischer. Der Amerikaner hatte nach einem kurzen Blick in die Seifenschachtel kühl abgelehnt. Der Grund? – Auf den Seifenstücken prangte das Warenzeichen von »Merina« – ein strampelndes Baby. Bobby faßte das als persönliche Anspielung auf und war sehr verstimmt.

*

Wortspiele über Tal. Von den unzähligen Variationen auf Tal seien vorläufig einige angeführt. Tal ist sehr TAL-entiert. Er überspielt seine Gegner to-TAL. Manchmal ist er dabei

SCHACH & KRACH V

SCHACH & KRACH VI

Die Überlebenden von Brett Zwei.

auch bru-TAL, wobei sich seine Opfer in Tan-TAL-usqualen winden. Ich fragte Tal, was sein TAL-isman sei. Er antwortete, dies wisse er nicht. Eines sei aber sicher: daß er nach der Blinddarmoperation zum Turnier direkt aus dem Hospi-TAL gekommen sei.

(aus: Schach-Echo)

*

Es war einmal ein König, der machte einmal einen sogenannten »Staatsbesuch« in einem anderen Land. Der Ministerrat hatte es so beschlossen: zur Befestigung freundnachbarlicher Beziehungen. Bei seinem Besuch dort gab es keine Böllerschüsse, kein Sirenengeheul, keine schmalzige Festrede, keine Musikkapelle, keine Fahnen, keine Girlanden, keine Ehrenjungfrauen, keine spalierbildende Schuljugend, keinen Fackelzug – nichts von alledem! Nur zwei kleine, weißgekleidete Mädchen überreichten dem König mit niedlichem Knix und holdem Erröten je einen Blumenstrauß. So wünschte es dieser König. Er wollte, daß das viele Heidengeld für derlei »Empfänge« doch lieber den armen Bauern zugute kommen sollte (Zur Nachahmung dringend empfohlen!). Und so war dieses Königstreffen dessenungeachtet sehr herzlich. Eine gemeinsame Verlautbarung (zu deutsch: ›Communiqué‹) wurde veröffentlicht, man habe sich über das Wetter (und nicht über Politik) unterhalten. Der hohe Besucher war freilich nur aus Holz: es war ein – Schachkönig.

*

Die Bauern wurden von den Springern wegen ihrer kleinen Statur immer wieder gehänselt. Bis einem 'mal der Kragen platzte und er so 'nen Springer anfuhr: »Sie Ritter von der traurigen Gestalt! In einem bin ich Ihnen aber doch über!« – »So, da wäre ich aber gespannt!« – »Ja, ich werde stärker, je mehr ich mich dem Brettrand nähere, Sie dagegen schwächer!«

*

Es gab wieder einmal so kleine Plänkeleien unter den Schachsteinen. Man warf sich allerlei Grobheiten an den Kopf. Zur Entschuldigung mag gelten: sie hatten es im Umgang mit den Menschen gelernt: »Sie sind wohl bei Nurmi in die Schule gegangen, Frau Langstreckenläuferin Dame?« – »Ja, und Sie wohl wahrscheinlich bei der Schnecke, Herr Bauer?«

136

»Haben Sie gesehen, ich kann auch springen!«
sagte der Turm zum Rössel, nachdem er soeben
rochiert hatte. – »Ich habe es bemerkt! Ich sah
auch neulich, daß Sie gut ›türmen‹ können,
wenn Ihr wertvolles Leben auf dem Spiel steht,
Herr Turm!«

*

Der weiße Königsbauer sprach zum Damen-
bauern: »Sie werden neuerdings in der Eröff-
nung stark bevorzugt, wie man so hört?« –
»Modesache, mein Lieber! Wenn die Partie
schließlich verkorkst wird, wer ist dann das
Karnickel? Doch wir Bauern!«

»Sie hier auf d5, Herr Bauer? Sie wohnen doch, wenn ich nicht irre, auf a2?« – »Eigentlich ja, Herr Läufer! Aber wissen Sie, wir Bauern kommen uns auch allmählich wie ›gelenkte Staatsbürger‹ vor! Man schubst uns ja bloß noch umeinander!«

*[1]

Ein Bauer plumpste in den Kasten, gerade der Dame auf die Hühneraugen! »Wo kommen Sie denn noch hergeschneit? Wie steht denn die Partie oben?« So schwirrte es ihm entgegen. »Ach«, sagte der Bauer und er setzte dabei eine gewichtige Miene auf: »Zuerst war es wie eine Symphonie in de-moll. Als aber im Endspiel Weiß seine Türme auf der g-Linie verdoppelt hatte, war auf einmal das schwarze Spiel total demoll-iert!«

*

»Ist es wahr, daß Herr Schwarz gestern in seiner Partie nicht weniger als drei Bauern geopfert hat?« – »Was ist schon dabei, Herr Läufer? Wir Bauern sind ja billige Ware, von unserer Sorte gibt es übergenug!«

*

»Häuslichkeit ist wohl Ihre schwache Seite? Man sieht Sie auf dem ganzen Brett herumschwirren, Sie sind Hans Dampf in allen Gassen! Was sagt Ihr Göttergatte dazu, Ihr Herr und Gebieter?« – »Gebieter?« brauste da die Dame auf, »gebieten tue ich im Schach, merken Sie sich das, Herr Turm!« – Und ihr Teint wurde um eine Nuance blasser.

(alle: E. Ramin, Stuttgart, in: Fernschach)

*

»Wir sind der Schutzwall für Euch alle! Wir beschützen Euch mit unserem Leben, ohne nach Dank zu fragen!« – Die Partie hatte soeben begonnen, sämtliche Bauern standen aufzugsbereit. Doch zu aller Überraschung eröffnete ein Springer den Reigen, sprang von g1 nach f3. – »Ich benötige Euren Schutzwall nicht! Über solche Sentimentalitäten setze ich mich hinweg!« Die verdutzten Bauerngesichter hätten Sie sehen sollen!

*

»Man sieht Sie immer nur zur Linken Ihres Gatten! Warum ignorieren Sie die internationalen Gepflogenheiten beharrlich? Ist es Ihnen nicht bekannt, daß die Dame stets zur *rechten* Seite geht?« – Ein Turm nahm sich die Freiheit, die weiße Dame so zu fragen. – »Die Welt-etikette soll sich nach *mir* richten!«, war die stolze Antwort.

Der Turm erhält aber eine stolze Antwort

Der Läufer und der Turm lagen sich wieder einmal in den Haaren. »Sie stehen noch immer im Eck? Sie müssen doch Nerven haben wie breite Bandnudeln!« – »Wir entscheiden das Spiel, wenn der König uns ruft!« – »So? Da läuft sich unsereins die Absätz' schief und Sie halten Ihr Eck warm bis auf den St. Nimmer-leinstag! Und *das* nennt die Welt Demokratie!«

»Aber hören Sie mal, Herr Turm! Die Ro-
chade, die Sie heute in der Partie vollführt
haben, war aber unter aller Kanone! Sie haben
Ihren König ja fast umgerannt!« – »Ja glauben
Sie denn, Frau Dame, ich könnte mit meinen
alten Knochen noch einen Saltomortale über
den König machen?«

(alle: E. Ramin, Stuttgart, in: Schach-Echo)

*

Nach dem Erwachen erkennt mancher, daß
das Schlagwort »im Besitz eines gesunden
Mehrbauern« ein – Schlafwort war; das Voll-
gefühl des Besitzes lullt ein.

*

Das begriffsleere Schlagwort vom »gesunden
Mehrbauer« wird dem Gewitzigten zum Begriff – als Warnwort vom »ungesunden Mehrbauern«.

*

Der Mehrbauer ist ein Wirtschaftswunder, an
das am liebsten der Wunderdoktor selbst
glaubt.

*

Es hat schon gesunde Mehrbauern gegeben,
die vor lauter Gesundheit ein so langes Leben

141

besaßen, daß sie unverwandelt in das nächste
Spiel übernommen wurden.

*

»Ich stehe gut, bin im Besitz eines gesunden
Mehrbauern« ist ein geflügeltes Wort, das die
Flügel eines Zugvogels hat.

*

Das Pochen auf einen gesunden Mehrbauern
schiebt die Entscheidung auf die lange Bank.
Unerbittlich rutscht die Schachuhr bei der
Vertagung mit.

*

Der Gegenspieler des gesunden Mehrbauern
ist – der »gesunde Minusbauer«.

*

Im Gambit erlebt der gesunde Minusbauer
seine schnelle Auferstehung als Mehr-Offizier
an der Front.

*

Vor den Bestand der Gesundheit hat Caissa
den Unfall gesetzt. Man soll den gesunden
Mehrbauern nicht vor der Katastrophe loben.

*

Einem geschenkten Bauer schaut man nicht ins
– Gesundheitsbuch.

*

Die Bauernregel vom gesunden Mehrbauer
steht noch nicht im 100jährigen Kalender.

(alle: Dr. E. Bachl, in: Schach-Echo)

*

»Da staunt der Laie und der Fachmann wun-
dert sich!« rief Dr. Tarrasch einmal bewun-
dernd über einen Dauerschach-Schluß von
Jacques Mieses aus. Daran denkt man unwill-
kürlich beim folgenden Finale zwischen Bellon
und Larsen (Las Palmas, 1976). In der Stellung Kh1, De3, Tb6, Lb6, b2, g2 (Weiß), Kg6,
Td4, Tf7, Lf8, Lf5, e5, f6, h5, h7 (Schwarz)
hatte Weiß zuletzt 42. Tb6 gezogen. Larsen sah
wohl die Drohung De5: infolge der Fesselung
des Bf6, aber es entging ihm die gleichzeitige
Mattdrohung auf der anderen Seite: 42. . . .
Td3?? 43. Dg5 matt! Dabei wäre 42. . . . h6
ausreichend gewesen! »Amorausa scaccistica«
nannte Dr. Tarrasch die auch bei Großmeistern zu allen Zeiten vorkommende völlige
Schacherblindung . . .   (aus: Deutsche Schachblätter)

143

Um sich die Spannkraft seines Geistes zu erhalten, spielte König Karl XII. von Schweden (1682–1718) in türkischer Gefangenschaft jeden Tag mit dem polnischen General Stanislaw Poniatowski Schach.

*

Vortrefflich die Figuren führte der berühmte französische Diplomat Charles Maurice Talleyrand. Er besiegte Napoleon Bonaparte, so oft er mit ihm spielte.

Einmal, in einer Partie Capablanca – Janowski
(New York 1916) kam es zu der Stellung Kd5,
Lc3, Bb4 (Weiß) sowie Kf5 und Ld8
(Schwarz). Schwarz glaubte sich verloren und
streckte die Waffen. Wie der sowjetische Groß-
meister Juri Awerbach Jahre später heraus-
fand, zu Unrecht, denn er hätte ein elegantes
Remis erzwingen können: 1.... Kf4!! 2. Ld4.
Falls 2. Le5+, so 2. Ke3 3.b5 Kd3 4. Kc6 Kc4
usw. 2.... Kf3!. Der schwarze König muß sich
von hinten heranpirschen. 3.b5. Auf 3. Lc5
folgt 3.... Ke2! 4. Kc6 Kd3! 5. Kd7 Lg5 6.b5
Kc4 und remis. 3.... Ke2! 4. Kc6 Kd3! 5. Lb6
Lg5 6. Kb7 Kc4 7. Ka6 Kb3! 8. Lf2 Ld8 9. Le1
Ka4!

*

Von Tal stammt der Kommentar zu Fischers
Bemerkung, er könne im Schach jede Frau der
Welt schlagen, auch wenn er ihr einen Springer
vorgebe: »Fischer ist Fischer, aber Springer ist
Springer.« (aus: Deutsche Schachblätter)

*

Kombination und Position in der Schachpartie
fließen oft zusammen, überschneiden sich wie

Taktik und Strategie, wie Kultur und Zivilisation, wie Witz und Humor.

*

Der Mensch ist einem doppelten Lebensrhythmus unterworfen: dem Herzschlag und der Atmung. Einem dritten Rhythmus, dem Ticken der Schachuhr, konnte der Fernschachspieler glücklich entfliehen.

*

So mancher ist mit seinem Entschluß, Fernschach zu spielen, nicht weitergekommen als bis zum Fernsehen.

*

Im Schach, dieser wohltuenden geistigen Gymnastik, werden unsere Nerven nicht von einer Flut sich überstürzender Reize aufgewühlt, unsere Phantasie wird nicht aufgestachelt, angebrüllt, sondern leise angefächelt.

*

Fast alle Turnierpartien der Gegenwart endigen mit »Aufgegeben«. Denn man kann doch nicht gut als »Mattgesetzter« in der Weltgeschichte herumlaufen. Dieser Gedanke wäre furchtbar!

*

Ein Schachspieler, der den drohenden Damenverlust sieht, ohne ihn abwenden zu können, benötigt keinen heißen Fliedertee als schweißtreibendes Mittel.

*

»Sie haben diese Partie glänzend gespielt, und für mich als Verlierer bleibt die Bewunderung für Ihre Tat!« So schrieb im Jahre 1900 der greise Dichter Graf Leo Tolstoi an seinen Bezwinger, Joh. Behting, nach einer Korrespondenzpartie der Zeitung »Nowoje Wremja«. – Schreibt man dies auch heute noch, 60 Jahre später?

*

Wenn ein Schachspieler im 4. Zug h2-h3 zieht, so spricht man von »Angstzug« oder »Caféhauszügle«. Macht er den Zug nicht und wird später mit Te8-e1 überrascht, dann spricht man von »mangelnder Entwicklung« oder »Politik der verpaßten Gelegenheiten«.

(alle: E. Ramin, Stuttgart, in: Fernschach)

Seit 18 Monaten spielte Ray Pearson aus Detroit per Post ein Schachspiel mit Wallis Cady aus Clearwater (Florida). Jetzt mußte Cady seinen Spielpartner darauf aufmerksam machen, daß er seit sieben Monaten keinen Zug mehr getan hat. Pearson dagegen war der Meinung, Cady sei am Zuge.

*

Die Berliner Zeitung ›Der Tagesspiegel‹ schreibt: Im Rundschreiben der BSG »Eckbauer« fanden wir folgende Stilblüte aus einem Mannschaftsbericht: »Das Resultat war 4:4. Die beiden Mannschaften waren jedoch so ausgeglichen, daß das Resultat ebensogut auch umgekehrt hätte lauten können.«

*

In Worcester im Staat Massachussetts (USA) wurde die Polizei zu einem parkenden Wagen gerufen, in dem zwei Männer geheimnisvolle Dinge trieben. Als die Beamten sich dem Fahrzeug näherten, stellten sie fest, daß es sich bei den beiden Insassen um leidenschaftliche Schachspieler handelte. Der Anzeigende hatte sie für funkende Geheimagenten einer fremden Macht gehalten.

Eins aber macht die *Läufer* wild:
die Sehnsucht-Ha!-und was sie stillt!

„Gnädigste – wollen wir
vögeln?"
„Aber, mein Bester – Sie sind
doch Läufer! Und in Ihrem
Alter ...."

Bekanntlich verfügt Smyslow über eine angenehme und gute, starke Stimme. Mark Taimanow ist ein bekannter Pianist. Taimanow hat Smyslow schon mehrfach bei Liebhaberkonzerten, z. B. in Zürich und New York, auf dem Flügel begleitet. Im Kampfe Moskau gegen Leningrad trafen sich diese beiden Meister des Schachspiels und der Kunst am zweiten Brett. Es siegte der Sänger, während Taimanows »Begleitung« diesmal mißlang. Das »Konzert« endete nach zwei Stunden bereits mit dem 27. Zuge (Von Großmeister Salo Flohr).

*

Mit Yair Kraidman und Svend Hamann führte »The South African Chess player« anläßlich ihrer Anwesenheit beim »1980 Oude Meester S. A. Open« ein Gespräch. Beide hatten eine Fischer-Geschichte zu erzählen.

Eine Kiste Orangensaft. Ich spielte in Netanya 1968, wo auch Fischer dabei war. Ich erinnere mich, daß er sehr viel aß und trank, und er liebte unseren israelischen Orangensaft. Nun, wenn er im Hotel einen Orangensaft bestellte, gaben sie ihm, wie jedem anderen, ein kleines Glas. Das gefiel ihm gar nicht! Er ging aus in die Stadt und kaufte eine ganze Kiste Flaschen mit Orangensaft, schulterte sie und trug sie auf sein Hotelzimmer! (Y. K.)

*

Die Käsebrot-Variante. Auch ich traf Fischer in Netanya 1968. Sechs Monate später besuchte er Kopenhagen und kam in mein Haus. Ich war ziemlich überrascht, seinen enormen Appetit zu sehen. Ich analysierte mit Fischer, Larsen und anderen eine Variante der sizilianischen Verteidigung, in der Weiß f2-f4 spielt und frühzeitig den f-Bauern opfert. Meine Frau hatte eine große Platte Käsebrote gemacht, die für uns alle gedacht war, aber während wir analysierten, hatte Fischer sie vollkommen aufgegessen! Danach schrieb Larsen in seiner Schachspalte einen Artikel über die Variante, und er nannte sie die »Käsebrot-Variante«! Es war leicht, mit Bobby zurechtzukommen. Man brauchte mit ihm nur über Schach zu sprechen. (S. H.)
(aus: Deutsche Schachzeitung)

*

In der 5. Deutschen Fernschachmeisterschaft spielten zwei Schachfreunde gegeneinander, die den Namen der Figurenfarbe trugen. Damit es keine Verwechslung gab, spielte Herr Schwarz mit Weiß und Herr Weiß mit Schwarz. Da beide friedliche Menschen sind, einigten sich der weiße Herr Schwarz und der schwarze Herr Weiß bald auf Remis.

(aus: Schach-Echo)

Großmeister Hort dichtete lauthals mit tschechischem Akzent: »Heute gibt es Ostereier / auch für Dr. Ostermeyer.« Hort (Weiß) saß Ostermeyer (Schwarz) gegenüber. Nur noch wenige Augenblicke waren es bis zum Beginn der Partie, die Schwarz nach 1.d4 Sf6 2.Sc3 d5

3.Lg5 Sbd7 4.Sf3 h6 5.Lh4 c5 6.dc5 Da5 7.Lf6:
Sf6: 8.e4 e6 9.Lb5+ Ld7 10.Ld7:+ Sd7:
11.ed5 Lc5: 12.de6 fe6 13.0–0–00–0 14.De2
aufgab. Niemand verstand das recht. War
der Witz schuld daran? Oder der arme Bauer
auf e6? (aus: FAZ-Magazin, 1982)

*

In Leningrad lebt ein recht bekannter Schrift-
steller namens Ssemjon Botwinnik, der dem
Schachgroßmeister Viktor Kortschnoj sehr
ähnlich sieht. Eines Tages wurde er auf der
Straße von einem Unbekannten mit »Kortschnoj« angesprochen.

»Ich bin Botwinnik«, lautete die Antwort
des Schriftstellers.

*

Großmeister Kotov fuhr in seinem Wagen mit
Dr. Euwe durch die Straßen von Moskau und
überschritt dabei die zulässige Geschwindig-
keit. Ein Verkehrspolizist stoppte das Fahrzeug
an einer Kreuzung. »Ihren Führerschein, bitte!
Ach so, Sie sind Kotov? Na, dann gut, fahren
Sie weiter!«

»Sie kennen mich also?« stieß Großmeister Kotov mit merklichem Stolz hervor.

»Nein«.

»Warum lassen Sie mich dann laufen?«

»Ich heiße auch Kotov!«

(aus: J. Estrins Notizbuch)

*

ECKHARD HENSCHEID

ROSSMANN, ROSSMANN . . .

Drei Kafka-Geschichten

Die drei hier vereinten Erzählungen lassen sich auf je unterschiedliche Weise mit der Person und dem Werk Franz Kafkas ein. Die erste Geschichte ist eine Art einkapitelige Fortschreibung des unvollendeten *Amerika*-Romans (Der Verschollene), geboren aus Zuneigung zu dessen unendlich sanfter und liebenswerter Hauptfigur Karl Roßmann, den der Nachdichter in Kafkas Sinn gern etwas »gerettet« haben möchte.

Die zweite Erzählung geht, scharmant anachronistisch, von der Fiktion aus, Kafka habe eine der fast immer unsäglichen Dramatisierungen und Verfilmungen seiner Werke noch miterleben müssen, in diesem Fall eine besonders verwegene – ja, der Dichter nimmt leibhaftig an ihr teil und erlebt viel Ungeahntes, Unerhörtes und Ungehöriges dabei.

Der dritte und letzte Text rechnet in Form einer Schimpfkanonade mit Kafkas – angeblicher – Geschlechtsunlust ab.

Haffmans Verlag